Die *Proustiana*, offizielles Mitteilungsorgan der Marcel Proust Gesellschaft, sind diesmal einem einzigen Thema gewidmet: »Von der Kunst des Genießens bei Marcel Proust«. Bei kaum einem anderen Autor ist es naheliegender, sein Werk auf die Rolle des Kulinarischen hin zu befragen, setzt doch die Erinnerung selbst, die »mémoire involontaire« in der *Suche nach der verlorenen Zeit*, mit einem Essenserlebnis ein, dem berühmten Genuß einer Madeleine.

Die meisten der in diesem Band versammelten Beiträge sind im Rahmen eines Symposions im Hamburger Literaturhaus im Herbst 2005 entstanden.

PROUSTIANA XXIV

PROUSTIANA XXIV

Mitteilungen
der Marcel Proust Gesellschaft

Sonderband
»Ein unerhörtes Glücksgefühl ...«
Von der Kunst des Genießens
bei Marcel Proust
Beiträge des gleichnamigen Symposions
in Hamburg im November 2005

Herausgegeben
von Kirsten von Hagen, Claudia Hoffmann
und Volker Roloff

Insel Verlag

Erste Auflage 2006
Insel Verlag Frankfurt am Main und Leipzig
© dieser Ausgabe: Marcel Proust Gesellschaft, Köln 2006
Marcel Proust Gesellschaft e. V., Brahmsstraße 17, 50935 Köln
www.dmp.de
Alle Rechte vorbehalten, insbesondere das der Übersetzung,
des öffentlichen Vortrags sowie der Übertragung
durch Rundfunk und Fernsehen, auch einzelner Teile.
Kein Teil des Werkes darf in irgendeiner Form
(durch Fotografie, Mikrofilm oder andere Verfahren)
ohne schriftliche Genehmigung des Verlages reproduziert
oder unter Verwendung elektronischer Systeme
verarbeitet, vervielfältigt oder verbreitet werden.
Vertrieb durch den Suhrkamp Taschenbuch Verlag
Umschlag: Michael Hagemann
Satz: Hümmer GmbH, Waldbüttelbrunn
Druck: Druckhaus Nomos, Sinzheim
Printed in Germany
ISBN 978-3-458-17329-8
ISBN 3-458-17329-3

1 2 3 4 5 6 – 11 10 09 08 07 06

Inhalt

Kirsten von Hagen und Claudia Hoffmann: Vorwort ... 9

Luzius Keller: Genießbares und Ungenießbares
aus der Küche von Marcel Proust 17

Kirsten von Hagen: Kann man Kunst schmecken? –
Proust und das Drama des Japanischen Salats 30

Volker Roloff: La physiologie du goût:
Von Brillat-Savarin zu Proust 49

Sophie Bertho: Die irdische Nahrung
des Marcel Proust 62

Klaus Dürrschmid: Zur Sensorik von Madeleines
und Tee 76

Uta Felten: Savoir und Savourer: Augenlust und
Gaumenlust bei Marcel Proust 96

Andreas Platthaus: »On voit bien, que vous ne le
connaissez pas«. Vorstellungen für Augen und Mäuler –
Prousts gastronomische Phantasie 106

Claudia Hoffmann: Augenschmaus.
Ein kulinarischer Streifzug durch die Geschichte
der Proust-Verfilmungen 124

Achim Hölter: »Ich danke Proust dafür, daß er mich
dahin geführt hat, solche Zeichnungen zu versuchen« –
Interview mit Stéphane Heuet 146

Michel Sandras: Tischsituationen in der »Recherche« .. 158

Gerhard Neumann: Liebes- und Gedächtnismahl.
Zum Zusammenhang von Ursprung und Eucharistie
in Prousts »Recherche« 176

Bio-Bibliographien 198

Kirsten von Hagen und Claudia Hoffmann
Vorwort

Bei kaum einem anderen Autor dürfte es naheliegender sein, sein Werk auf Kulinarisches zu befragen, als bei dem französischen Autor Marcel Proust, setzt doch die Erinnerung selbst, die »mémoire involontaire« der *Recherche*, mit dem Genuß einer Madeleine ein, eines muschelförmigen Gebäcks, das in Lindenblütentee getaucht wird: »In der Sekunde nun, da dieser mit den Gebäckkrümeln gemischte Schluck Tee meinen Gaumen berührte, zuckte ich zusammen und war wie gebannt durch etwas Ungewöhnliches, das sich in mir vollzog. Ein unerhörtes Glücksgefühl, das ganz für sich allein bestand und dessen Grund mir unbekannt blieb, hatte mich durchströmt. [...] Ich hatte aufgehört, mich mittelmäßig, zufallsbedingt, sterblich zu fühlen. Woher strömte diese mächtige Freude mir zu? Ich fühlte, daß sie mit dem Geschmack des Tees und des Kuchens in Verbindung stand, daß sie aber weit darüber hinausging und von ganz anderer Wesensart sein mußte.« (FA I, S. 67).

Bislang ist der Aspekt des Kulinarischen im Werk Marcel Prousts jedoch nur am Rande thematisiert worden. Veronika Eckl rückt im Rahmen eines Kapitels ihrer Dissertation Proust und Kulinarisches in den Blick.[1] Astrid Winter spürt in ihrer Studie *Die Figur der Françoise in Marcel Prousts »À la recherche du temps perdu«* der Rolle und Funktion der Dienerin Françoise im Text der *Recherche* nach.[2] Darüber hinaus ist die Essensthematik in einzelnen verstreut veröffentlichten Aufsätzen reflektiert worden (wie Colette Cosnier, »Gastronomie de Proust«, in: *Europe* 48 (1979), S. 152-160), eines Sammelbands zum Thema Geschmack bei Proust (Volker Kapp (Hrsg.), *Marcel Proust: Geschmack und Neigung*, Tübingen 1989) sowie eines Kochbuchs (Jean-Bernard Naudin/Anne Borrel/Alain Senderens: *Zu Gast bei Marcel Proust. Der große Romancier als Gourmet*, München 1992).

Fast alle zentralen Themen der *Recherche*, Erinnerung, Künstlertum, Liebe, Eifersucht, Tod, sind eng mit der Essensthematik verknüpft. Der Proustsche Protagonist instrumentalisiert den Essenscode, um im Sinne einer Archäologie die überfütterte Gesellschaft der Jahrhundertwende zu beschreiben. In der *Recherche* erfährt Marcel die Welt in einer Art sakraler Erhöhung, indem er sie sich einverleibt, sie sich im wahrsten Sinne des Wortes erißt. Das physiologische Erschmecken wird zumeist als auslösendes Moment für eine *mémoire involontaire* in Szene gesetzt, um über die bloße willentliche »Rekonstruktion der Vergangenheit hinaus die verlorene Welt wieder erfahrbar« zu machen[3] und ihr sprachlich ein Denkmal zu setzen: Es handelt sich um die Geburt der Sprache aus dem kulinarischen Erleben. Die Mahlzeit wird begriffen als synästhetische Apotheose.

Insbesondere für den Proustschen Liebesthesaurus ist das Kulinarische ein wichtiger Indikator. Unauflöslich sind Begehren und Kulinarisches hier miteinander verwoben. Häufig wird das Begehren durch einen geschmacklichen Genuß ins Bild gesetzt, wie im Fall von Albertine, die lustvoll ihre Zunge im Erdbeereis spielen läßt.

Wiederholt werden im kulinarischen Bereich der *Recherche* Geschmackserlebnisse metaphorisch ausgeweitet, so daß ein »bœuf à la gelée«, wie es die Köchin Françoise komponiert, mit all seinen sorgfältig ausgewählten Zutaten als Sinnbild für das vollkommene Kunstwerk figuriert. Als Künstlerin wird Françoise wie Elstir, Bergotte und Vinteuil eine eigene Signatur zugeschrieben. Risse bekommt das Bild der Künstlerin, als Marcel dem Schaffensprozeß beiwohnt und sieht, wie sie einem flüchtenden Hähnchen unter heftigen Beschimpfungen den Kopf abzuschneiden versucht. Der Kampf mit der Materie zeigt die andere, die dunkle Seite des ins Sakrale erhöhten Kunstwerks. Damit nähert sich die Köchin Françoise erneut den großen Künstlergestalten der *Recherche* an, bei denen ja wiederholt zu konstatieren ist, wie wenig ihre reale Erscheinung mit dem Mythos ihrer Werke in Einklang zu bringen ist. Den Genuß des Werkes selbst, der häufig einem epiphanieähnlichen Erlebnis gleichkommt, vermag dies nicht zu schmälern, wie der durch Elstir inspirierte Blick des Künstlers für die Gegenstände des täglichen Lebens verdeutlicht: »[...] die Promenade der abgenutzten Stühle, die zweimal am Tag sich um einen Tisch versammeln, der festlich gedeckt ist wie ein Altar, auf dem die Riten der Feinschmeckerei zelebriert werden sollen und wo in den Austernschalen ein paar Tropfen lustrierenden Wassers zurückgeblieben sind wie in winzigen steinernen Weihwasserbecken; ich versuchte die Schönheit dort zu erkennen, wo ich sie mir niemals vorgestellt hatte, in den gebräuchlichsten Dingen, jenem inneren Leben, das auf ›Stillleben‹ dargestellt wird.« (FA II, S. 637).

Deshalb überrascht es nicht, daß der zum Künstler gereifte Protagonist sich am Ende der *Recherche* fragt: »Ne ferais-je pas mon livre de la façon dont Françoise faisait ce bœuf-mode apprécié de monsieur de Norpois et dont tant de morceaux de viandes ajoutés et choisis enrichissaient la gelée« (PL IV, S. 1035). – »Würde ich also nicht mein Buch in der Art schreiben, wie Françoise jenen von Monsieur de Norpois geschätzten Bœuf mode zubereitete, dessen Sülze von so vielen erlesenen Fleischstücken bereichert wurde?« (FA VII, S. 508).

Der von uns herausgegebene Sammelband soll das Thema aus verschiedenen Blickwinkeln neu beleuchten und dabei bislang unberücksichtigte Facetten aufzeigen. Wie viele der vorliegenden Schriften zeigen, erschöpft sich das Thema häufig darin, eine Essenssemantik allenfalls zu konstatieren, ohne jedoch zu untersuchen, wie vielfältig diese bei Proust funktionalisiert und häufig auch in charakteristischer Weise unterlaufen wird. So erlaubt die Fokussierung der Essenssemantik nicht nur Rückschlüsse auf die Inszenierung der Erinnerung bei Proust, sondern auch auf die Konstituierung von Identität, auf die erotische Dimension des Speisens, auf die Reflexion der Flüchtigkeit, eine neue Form der Synästhesie und die Proustsche Ästhetik überhaupt. Nicht von ungefähr hat die ästhetische und moralische Kategorie des Geschmacks ihren Ursprung in der Erfahrung des Schmeckens.

Die hier versammelten Beiträge dokumentieren, wie weitreichend die Frage nach der Kunst des Genießens bei Marcel Proust ist, wie vielfältig die Bezüge sind, die sich aufzeigen lassen: zur Ästhetik und Poetik Prousts, aber auch zu früheren Texten, im Grunde Vorläufern aktueller Kochshows, und der zu konstatierenden Popularität des Kochens und Genießens. Die meisten der Beiträge sind im Rahmen eines von uns im Herbst 2005 mit großem Erfolg im Hamburger Literaturhaus durchgeführten kulinarischen Symposions entstanden. Daß dabei nicht nur hochkarätige Beiträge, sondern auch Speisen aus der Küche Prousts gereicht wurden, versteht sich von selbst. Wir möchten an dieser Stelle denjenigen danken, die das Hamburger Symposion ermöglicht haben. Unser Dank gilt vor allem Reiner Speck, Präsident der Marcel Proust Gesellschaft, und Rainer Moritz, Leiter des Literaturhauses Hamburg, sowie Volker Roloff, der das Projekt stets unterstützt hat.

Wir möchten der Marcel Proust Gesellschaft danken, aber auch dem Literaturhaus Hamburg, in dessen Räumen wir uns wie zu Zeiten Prousts fühlen durften.Gezeigt wurden an den zwei Tagen unseres Symposions auch Originalwerke von Proust-Comiczeichner Stéphane Heuet. Christian Brückner, u. a. als deutsche Stimme von Robert de Niro bekannt, servierte einen Ohrenschmaus und brachte mit großem Einfühlungsvermögen kulinarische Passagen aus dem Werk Prousts zu Gehör. Eine Hörprobe und Kochgenuß können wir hier nicht servieren – wohl aber die zahlreichen Beiträge, die um einige Studien erweitert wurden.

Luzius Keller untersucht luzide wie immer zwei kulinarische Passagen aus der *Recherche*, die eine im Hinblick auf ihre Deutung, die andere im Hinblick auf ihre Übersetzung. Kirsten von Hagen widmet sich dem berühmten Japanischen Salat, fragt nach dem Ursprungstext (Alexandre Dumas Fils, *Francillon. Pièce en trois actes*, Paris 1887) dieser Inszenierung des Kulinarischen und zeigt Bezugspunkte auf, die diese frühe Szene für die Diskussion der Bedeutung und der Funktionalisierung des Kulinarischen in der *Recherche* hat. Die Inszenierung des Japanischen Salats nimmt eine Schlüsselstellung im Werk ein, da sie bereits eine Reflexion der Proustschen Poetik und zentraler Themen präfiguriert. Volker Roloff diskutiert in seiner »physiologie du goût« von Brillat-Savarin bis Proust, wie die Reflexion über die Korrespondenz der Sinne, über die Wechselwirkungen von Körper und Geist, Wahrnehmung und Imagination bei Proust zur äußersten Entfaltung und einer neuen Konzeption der Synästhesie führt. In diesem »Zusammenspiel der Sinne«, der synästhetischen Erweiterung des Spielraums einzelner Sinne, die Proust vor allem mit dem Begriff »goût« zu umfassen sucht, werden auch die Brüche und die Spannungen sichtbar. Auch Sophie Bertho widmet sich in ihrem Beitrag der Frage nach einer neuen Hierarchie der Sinne bei Proust, der deutlich macht, daß die grundlegenden Erfahrungen der sinnlichen Erinnerung den Erzähler auch und gerade über den Geschmack (die Madeleine) erreichen. Bertho zeigt, daß Nahrung in der *Recherche* metaphorisch präsentiert und in Verbindung mit allen Formen der Kunst beschrieben wird: der Musik, der Photographie, der Skulptur, der Architektur, der Malerei und der Literatur. Klaus Dürrschmid expliziert, wie in Prousts Beschreibung der sensorischen Sensationen, die das Gemisch aus Madeleine-Stückchen und Tee evoziert, sensorische Grundgesetze wie Adaptation und die olfaktorische

Divergenz ausgemacht werden können, und eröffnet so einen Blick in das Sensoriklabor.

Uta Felten zeichnet in ihrem Text den Weg von der Gaumenlust zur Augenlust, von der Augenlust zu taktilen Lüsten nach, der in der *Recherche* zurückgelegt wird. Dabei macht sie deutlich, daß es auch die Proustsche Freude an der karnevalesken Funktionalisierung der kulinarischen Genüsse ist, die hier manifest wird, die Lust, das Heilige mit dem Profan-Sinnlichen, das Hohe mit dem Niedrigen zu verbinden.

Andreas Platthaus' kleiner Gruß aus der Versuchsküche appelliert eher an den »Gourmand« als an den Gourmet im Leser. In seinen Vorstellungen für Augen und Mäuler zeigt er auf, daß in der *Recherche* ständig über die olfaktorische Dimension der Speisen und über ihre Augenlust evozierende Wirkung reflektiert wird, ohne daß die Einnahme der Speisen selbst verhandelt würde. Die Nahrungsaufnahme ist nach Platthaus der blinde Fleck der *Recherche* – auch im physiologischen Sinne des Begriffs, ermöglicht doch erst der blinde Fleck dem Menschen das Sehen.

Ein bislang unterrepräsentierter Aspekt der Essensthematik bei Proust könnte mit »Proust kulinarisch und die Medien« überschrieben werden. Hier geht es um Wechselbeziehungen zwischen Proust und anderen Künsten, wie dem Film oder dem Comic, die dem kulinarischen Code einen bemerkenswerten Platz einräumen. Claudia Hoffmann unternimmt einen kulinarischen Streifzug durch die zahlreichen realisierten und nichtrealisierten Verfilmungen des Proustschen Universums. Damit betritt auch die gerade im Falle Prousts (u. a. von Siegfried Kracauer) so vielbeschworene Frage nach der Verfilmbarkeit den (kulinarischen) Raum. Hoffmann veranschaulicht, daß, wenn ein Film zu Tisch bittet, er in der Regel »etwas im Schilde führt«. In den wenigsten Fällen geht es dabei »um die Nahrungsaufnahme allein«.[4]

Kaum einer scheint so geeignet, die Frage zu reflektieren, wie

Geschmackliches im Medium des Comics darstellbar sei, wie der berühmte französische Comiczeichner Stéphane Heuet selbst, der uns in einem Interview mit Achim Hölter Einblicke in seine Werkstatt gewährt und erklärt, wie er Proust und Kulinarisches im Medium des Comics inszeniert hat.

Michel Sandras unterscheidet in seiner Roland Barthes gewidmeten Betrachtung unterschiedliche Tischsituationen, die die ganze Tragweite der Essensthematik im Œuvre Prousts offenbaren und die sich vereinfacht gesagt zwischen dem Rohen und dem Gekochten bewegen. Dabei gibt es trotz aller Versuche, diese zu systematisieren, Elemente und Aspekte, die es erlauben, von einem zu einem anderen System zu wechseln. Man kommt von den Diners bei den Verdurins zu denen der Guermantes mittels der Orangeade, die auch zu den Teegesellschaften Swanns, Odettes und zu Albertine führt; man kommt von Saint-Loup zu Albertine und zu Charlus mittels des Champagners; man kommt von den Mahlzeiten in Combray zu dem Picknick mit der kleinen Schar mittels der Teller mit Motiven aus *Tausendundeine Nacht*, zu den Diners mit Saint-Loup mittels der gegrillten Hähnchen, zu den Diners bei den Guermantes mittels des Spargels. Die Vorliebe für alles Frische verbindet das Wasser der Vivonne, die Karaffen mit den Fruchtsäften und veranschaulicht die unaufhörliche Zirkulation der Worte, der Schauspiele und des Geschmacks.

Gerhard Neumann untersucht den Zusammenhang von Ursprung und Eucharistie in Prousts *Recherche*. Er macht deutlich, daß Proust bei seiner Suche nach der »unbekannten Kraft«, die das Leben trägt und auch das umfangreiche Projekt der *Recherche* vorantreibt, verschiedene Codes verschiedener kultureller Zeichenordnungen erprobt, um jenes ursprüngliche Begehren, das »plaisir original« der Schöpfung aufzufinden und damit durch Erinnerung und Evokation zum emotionalen Ursprung der Welt vorzustoßen. Neumann gelangt dabei zu einer ebenso überraschenden wie tragischen

Wendung, könnte man doch sagen, daß sich diese Suche bis zum sich nähernden Abschluß des Werks fortsetzt. Dann aber wendet sich dieses Modell in sein Gegenteil: Es geht nun nicht mehr um Nahrung und ihre kulturproduzierende Funktion, sondern gerade umgekehrt um einen Prozeß des Aushungerns. Und zwar im Hinblick auf das Verhältnis zwischen dem Werk, das der Autor – mit immer größerer Mühe – schreibt, und dem Text, den er förmlich mit seiner Lebenskraft nährt und in die Gesellschaft, die ihn lesen wird, als Speise entläßt. Es ist jetzt der Text selbst, der zur Nahrung wird.

Schließlich noch ein Hinweis zur Zitationsweise: Die Sigle PL bezieht sich im gesamten Band auf die vierbändige Proust-Ausgabe von Jean-Yves Tadié, Bibliothèque de la Pléiade, Paris 1987-1989; die Sigle FA bezeichnet die neue siebenbändige Frankfurter-Ausgabe von Luzius Keller aus den Jahren 1994 bis 2004.

---

1 Veronika Eckl, *Mahlzeiten: Die Essensthematik in Literatur und Film des 20. Jahrhunderts*, Regensburg 2001.
2 Astrid Winter, *Die Figur der Françoise in Marcel Prousts »À la recherche du temps perdu«. Eine motivgeschichtliche Untersuchung*, Marburg 2003.
3 Sibylla Laemmel, »Marcel Proust – Geschmack und Neigung«, in: *Proustiana* VIII/IX, Köln 1991, S. 6.
4 Michael Althen, »Das Große Fressen«, in: Thomas Kellein/Angelika Lampe (Hg.): *Das Große Fressen. Von Pop bis heute*, Bielefeld 2004, S. 11-17, S. 14.

Luzius Keller
Genießbares und Ungenießbares aus
der Küche von Marcel Proust

Wer es je unternommen hat, ein Buch über Marcel Proust zu schreiben, zu veröffentlichen und unter die Leute zu bringen, kann nur mit Neid auf den reich bebilderten, auf Glanzpapier gedruckten, in verschiedene Sprachen übersetzten und von Verkaufserfolg gekrönten Band *Proust. La cuisine retrouvée* blicken.[1] Da bei Proust tatsächlich immer wieder auch vom Essen die Rede ist, da sowohl Kochbücher wie auch die Belle Époque Konjunktur haben und es sich noch dazu um ein durchaus appetitanregendes Buch handelt, kann der Erfolg nicht erstaunen. An den darin rezipierten, rezeptierten und abgebildeten Köstlichkeiten – so lassen die Berichte der Biographen vermuten – hat sich Proust allerdings, wenn überhaupt, wohl nur selten erlabt. Man weiß, daß er bei den von ihm veranstalteten Einladungen – im Elternhaus und später im Hotel Ritz – selbst nicht gegessen hat; er hat sich ganz seinen Gästen gewidmet. Man weiß auch, daß er sich in den Jahren, in denen Céleste Albaret sich um sein leibliches Wohl kümmerte, hauptsächlich von Milchkaffee mit Hörnchen ernährte. Immerhin ließ er sich gelegentlich aus dem Ritz ein eiskaltes Bier bringen. Dieses Wissen soll und darf uns aber nicht daran hindern, uns um das Kulinarische beziehungsweise um Kochen und Essen bei Proust zu kümmern. So werde ich denn im folgenden zwei kulinarische Passagen aus der *Recherche* kurz betrachten, die eine im Hinblick auf ihre Deutung, die andere im Hinblick auf ihre Übersetzung. Über die erste habe ich mich in meinem Buch *Proust lesen*[2], über die zweite im Editionsbericht zur Frankfurter Ausgabe[3] bereits einmal geäußert.

Im Schatten junger Mädchenblüte beginnt mit einer Handlungssequenz, die um ein Diner mit dem Marquis de Norpois in Marcels Elternhaus kreist. Im Zentrum der Sequenz steht ein von Françoise mit der Meisterschaft eines Michelangelo zubereitetes und von Norpois mit der Könnerschaft des Gourmets kommentiertes Gericht, nämlich ein »bœuf à la gelée«, ein kalter Rinderbraten auf Geléekristallen. Norpois ist begeistert und bittet um einen Nachschlag. Bei dem folgenden Ananas-Trüffel-Salat aber enthält er sich jeglichen Kommentars.

Thema und Rahmen des Bandes legen es nahe, die entsprechenden Passagen zu zitieren (FA II, S. 27-28 und 46-48). Zuerst die Vorbereitungen: »Françoise aber, glücklich darüber, sich jener Kunst des Kochens hinzugeben, für die sie zweifellos eine besondere Begabung besaß, im übrigen stimuliert durch die Aussicht auf einen neuen Gast und wohlwissend, sie solle nach nur ihr bekannten Methoden einen Bœuf à la gelée zubereiten, lebte seit dem Vortag im Rausch der Inspiration; da sie auf die einwandfreie Beschaffenheit der Materialien, die bei der Herstellung ihres Werkes gebraucht wurden, größten Wert legte, ging sie – so wie Michelangelo acht Monate in den Bergen von Carrara verbrachte, um die vollkommensten Marmorblöcke für das Grabmal Julius' des Zweiten auszuwählen – selbst in die Markthallen, um sich die schönsten Teile Lendenstück, Rinderhaxe und Kalbsfuß zu beschaffen.«

Und hier das Resultat: »Das kalte Rindsfilet mit Karotten erschien, von unserem Küchen-Michelangelo auf riesige Geléekristalle gelagert, die aussahen wie Blöcke aus durchsichtigem Quarz. ›Sie haben da ja einen Meister erster Güte, Gnädigste‹, meinte Norpois. ›Das will heute viel heißen. Wenn man wie ich im Ausland ein Haus in ziemlich großem Stil hat führen müssen, weiß man, wie schwierig es oft ist, einen tadellosen Küchenchef zu finden. Sie laden uns ja wirklich zu erlesenen Genüssen ein.‹ Tatsächlich hatte sich Françoise, zu höchstem Ehrgeiz getrieben, einem distinguierten Gast ein Abendessen aufzutischen, dessen Anforderungen ihrer auch würdig waren, eine Mühe gemacht, die sie sonst für uns nicht mehr auf sich nahm, und ihren unvergleichlichen Stil aus den Combrayer Tagen wieder erreicht. ›Das sind Dinge, die man im Wirtshaus nicht bekommt, auch in den besten nicht: ein Rinderschmorbraten, bei dem das Gelée nicht nach Kleister schmeckt und bei dem das Fleisch wirklich den Duft der Karotten angenommen hat, ganz vortrefflich! Gestatten Sie, daß ich mich noch einmal bediene‹, setzte er hinzu und gab durch ein Zeichen zu verstehen, daß er mehr vom Gelée nehmen wolle. [...]«

Schließlich der Salat beziehungsweise die Nachspeise: »Meine Mutter versprach sich viel von dem Ananas- und Trüffelsalat. Doch nachdem der Botschafter auf diesem Gericht einen Augenblick lang seinen alles durchdringenden Beobachterblick hatte ruhen lassen, nahm er es in eine Wolke von diplomatischem Schweigen gehüllt zu sich und gab uns seine Gedanken nicht preis. Meine Mutter drängte ihn, noch einmal davon zu nehmen, was Norpois auch tat, doch anstelle des erhofften Kompliments bemerkte er nur: ›Ich gehorche, Gnädigste, Ihr Wunsch ist für mich ein Ukas.‹«

Philip Kolb, der Herausgeber der 21 bändigen *Correspondance de Marcel Proust*, hat einmal erzählt, einer seiner Doktoranden habe ihm zu Ehren jene zwei Gerichte zubereitet, die in den *Jeunes filles* (*Im Schatten junger Mädchenblüte*) dem Marquis de Norpois vorgesetzt werden. Der kalte Rinderbraten auf Geléekristallen sei hervorragend, der Ananas-Trüffel-Salat dagegen merkwürdigerweise beinahe ungenießbar gewesen. Philip Kolb war ein »puits de science«, ein Abgrund der Gelehrsamkeit; er hat ausgiebig vom Baum des Wissens gekostet. Doch er hat dabei seine Unschuld bewahrt. Das Untergründige blieb ihm verschlossen. Seinem Doktoranden offenbar auch. Dieser hätte sich erhebliche Unkosten ersparen können, hätte er die fragliche Szene nicht mit Zunge und Gaumen, sondern mit interpretierendem Auge gelesen beziehungsweise sie nicht als Dokument für die Kochkunst der Belle Époque, sondern vielmehr als literarischen Text verstanden.

Norpois' Kompetenz in politischen, finanziellen, psychologischen und literarischen Belangen darf man in Frage stellen, vom Essen aber versteht er etwas. Wenn er über den Ananas-Trüffel-Salat – im Gegensatz zum kalten Rinderbraten – kein Wort verliert und es vorerst ablehnt, sich noch einmal zu bedienen, so ist über dieses Gericht ein vernichtendes Urteil gesprochen. Um Funktion und Bedeutung des Ananas-Trüffel-Salats innerhalb des Kontexts zu verstehen, muß man ihn mit dem zuvor aufgetragenen Gericht in vergleichende Beziehung setzen. Der Erfolg von Françoises »bœuf à la gelée« liegt nicht nur darin begründet, daß seine Bestandteile sorgfältig ausgewählt wurden, sondern auch darin, daß sie geeignet sind, sich während des Kochvorgangs, der langsam und beharrlich sein soll, geschmacklich zu durchdringen. Im Austausch der Säfte und Aromen des Rindfleischs und der Karotten kann sich ein Gelée bilden, in dem nichts klebt und der sich auf der Zunge und am Gaumen löst, um die zur Einheit verbundenen Säfte und Aromen wieder freizusetzen. Damit jedoch die Bestandteile sich verbinden können, müssen sie untereinander gewisse Affinitäten aufweisen. Genau das ist nun beim Ananas-Trüffel-Salat nicht der Fall. Seine Ingredienzien sind wohl auserlesen und kostbar, sie stehen sich jedoch fremd gegenüber; bringt man sie zusammen, bilden sie keine Einheit, und auch aus dem geschmacklichen Gegensatz ist kein kulinarischer Nutzen zu ziehen. Daß Proust als Beispiel mißlungener Kochkunst einen Salat wählt, liegt gewiß auch in einer der Wortbedeutungen von »salade«, nämlich »unzusammenhängender Mischmasch« begründet. Der Vergleich der beiden Gerichte und der entsprechenden Rezepte zeigt deutlich, daß es Proust in dieser Szene weniger um die Koch- als um die Schreibkunst geht, genauer um jene Schreibkunst, die der *Recherche* zugrunde liegt.

Es ist eine Schreibkunst, die nicht in preziöser Manier exotische Kostbarkeiten aneinanderreiht, was Proust schon in seinem 1896 in der *Revue blanche* erschienenen Artikel »Contre l'obscurité«[4] den Symbolisten vorwirft, sondern die darauf bedacht ist, Szenen, Personen, Themen, Motive, Figuren, Bilder, Rhythmen und Laute aufeinander abzustimmen und in das Kontinuum einer Handlung und eines Textes einzufügen.

Wie das geschieht, zeigt Proust gerade auch am Beispiel des Diners mit Monsieur de Norpois, indem er diese Handlungssequenz kunstvoll mit anderen Sequenzen und Themen verwebt, nämlich der Matinee mit der Berma und Marcels Prosastück über die Kirchtürme von Martinville. Dies geschieht dadurch, daß sich die verschiedenen Erzählstränge bald ablösen, bald überlagern, bald auch durchdringen, und auf dieser Grundstruktur webt Proust weiter, indem er die verschiedenen Elemente des Texts aufeinander abstimmt, ihre Farben abtönt – in unserem, das heißt im kulinarischen Zusammenhang würde man sagen: sie abschmeckt. Wie die Köchin legt die Tragödin großen Wert auf die Auswahl der einzelnen Stücke, das heißt auf die Zusammensetzung ihres Repertoires, und im Gespräch mit Norpois ist auch von der Zusammensetzung eines Wertschriftenportefeuilles die Rede. In einer ersten Phase der Erzählsequenz geht es um »composer« (ein Repertoire, ein Portefeuille, ein Gericht, einen Text). In einer zweiten um das Auftreten, das Vortragen (auf der Bühne), das Vorlegen (eines Texts), das Auftragen (einer Speise), und wenn Norpois seine Geschichten erzählt, sagt Proust das so: »M. de Norpois pour contribuer lui aussi à l'agrément du repas nous servit diverses histoires dont il régalait fréquemment ses collègues de carrière [...].« (PL I, S. 450).

»Servir diverses histoires, régaler ses collègues d'histoires« – nicht etwa »Geschichten erzählen«, sondern »Geschichten auftischen, mit Geschichten verköstigen« – das meinte ich vorhin mit »abschmecken«. Schließlich unterliegt das Werk (in der Bühnenkunst, der Schreibkunst und der Kochkunst) der Beurteilung, und die Rolle des Beurteilers ist dem Marquis de Norpois zugedacht. Wie den kalten Rinderbraten lobt er auch das Spiel der Berma, doch spricht er ein vernichtendes Urteil über Marcels Prosastück, das der Vater doch hoffte, demnächst in der *Revue des Deux Mondes* abgedruckt zu sehen. In einer Szene, die als Pendant zum Diner mit Norpois gestaltet ist, nämlich dem Dejeuner mit Bergotte im Hause Swann, wird Marcel getröstet. Dort nämlich erfährt er aus dem Mund des von ihm verehrten Dichters, Norpois sei ein Dummkopf. Ein etwas milderes Urteil sprechen Marcels Eltern am Ende der Erzählsequenz, wenn sie im Rückblick auf das Diner die Konversationskünste des Diplomaten kommentieren.

Die Einarbeitung des Diners mit Monsieur de Norpois in den Roman erfolgte erst in der 1913 beginnenden Arbeitsphase; den Zusammenhang zwischen Koch- und Schreibkunst hat Proust aber schon in einem Brief vom 12. Juli 1909 an seine Köchin Céline Cottin thematisiert – schon dort am Beispiel eines »bœuf mode«. Zu diesem Zeitpunkt war Proust seit gut einem Monat damit beschäftigt, aus den Entwürfen für ein Werk über Sainte-Beuve, die in der ersten Jahreshälfte entstanden waren, eine zusammenhängende Erzählung zu bilden. Dabei ist aus dem Werk über Sainte-Beuve ein Roman entstanden, den Proust zwar vorerst noch mit »mon Sainte-Beuve« bezeichnet, dem er aber später den Titel *Les intermittences du cœur* gibt. Auf den Druckfahnen ist daraus schließlich *À la recherche du temps perdu* geworden. Bevor Proust sich am Abend jenes 12. Juli an die Arbeit machte, schrieb er an seine Köchin: »Ich sende Ihnen mein aufrichtiges Kompliment und meinen herzlichen Dank für den wundervollen Bœuf mode. Ich möchte in dem, was ich diese Nacht tun werde, ebenso erfolgreich sein wie Sie, möchte, daß mein Stil ebenso glänzend, ebenso klar, ebenso fest wie Ihr Fleischgelée sei –

meine Ideen ebenso schmackhaft wie Ihre Karotten, ebenso bekömmlich und köstlich wie Ihr Rindfleisch. In der Hoffnung, mein eigenes Werk einst zu vollenden, gratuliere ich Ihnen zu dem Ihren.«[5]

In der *Wiedergefundenen Zeit* kommt Proust noch einmal auf das von Françoise zubereitete Gericht zurück. Im poetologischen Kontext der Schlußszene deutet er es nun explizit als Bild für den Roman: »Außerdem sind ja in einem Buch die Individualitäten (ob nun menschliche oder nicht) aus einer Vielzahl von Eindrücken gemacht, die zwar von zahlreichen jungen Mädchen, zahlreichen Kirchen oder zahlreichen Sonaten herkommen, aber doch dazu dienen, eine einzige Sonate, eine einzige Kirche oder ein einziges junges Mädchen zu gestalten. Würde ich also nicht mein Buch in der Art schreiben, wie Françoise jenen von Monsieur de Norpois geschätzten Bœuf mode zubereitete, dessen Sülze von so vielen erlesenen Fleischstücken bereichert wurde?« (FA VII, S. 507-508).

Bevor wir zum nächsten Gang schreiten, mache ich darauf aufmerksam, daß sowohl Norpois als auch Proust bald von einem »bœuf froid en gelée«, bald von »bœuf mode«, bald von einer »daube de bœuf«, das heißt von verschiedenen Gerichten sprechen. Ersteres (das wohl raffinierteste) wird kalt, letzteres (eine Art Eintopf, ähnlich dem »bœuf bourguignon«) wird warm serviert und gegessen. Wer es Françoise gleichtun möchte, tut gut daran, die Rezepte nicht zu verwechseln oder gar zu vermischen.

Bei meinem zweiten Beispiel handelt es sich um eine Passage aus *Combray*, in der Proust erklärt, weshalb man sich nach dem sonntäglichen Mittagsmahl im Hause von Tante Léonie nicht sogleich vom Tisch erhebt. Man sitzt also noch bei Tisch, »von der Hitze und besonders vom guten Mahl beschwert«, und hier folgt eine Passage, die, vor hungrigem Publikum vorzulesen, sadistisches Vergnügen bereitet: »Denn zu der ständigen Grundlage von Eiern, Koteletts, Kartoffeln, Eingemachtem, Biskuits, die sie uns gar nicht mehr ankündigte, fügte Françoise – je nach dem Stand der Felder und Obstgärten, dem Ertrag der Fischerei und den Zufällen des Handelslebens, dem Entgegenkommen der Nachbarn und ihren eigenen Eingebungen und zwar so glücklich, daß unser Speisezettel, wie die Vierpässe, die man im dreizehnten Jahrhundert an den Kirchenportalen anbrachte, immer einigermaßen dem Rhythmus der Jahreszeiten und den Episoden des Lebens entsprach – jeweils etwas hinzu« (FA I, S. 105).

Diese Zusätze zitiere ich auf französisch: »[...] une barbue parce que la marchande lui en avait garanti la fraîcheur; une dinde parce qu'elle en avait vue une belle au marché de Roussainville-le-Pin, des cardons à la moelle parce qu'elle ne nous en avait pas encore fait de cette manière-là, un gigot rôti parce que le grand air creuse et qu'il avait bien le temps de descendre d'ici sept heures, des épinards pour changer, des abricots parce que c'était encore une rareté, des groseilles parce que dans quinze jours il n'y en aurait plus [...]« (PL I, S. 70).

Und jetzt kann es auf deutsch weitergehen: »[...] Himbeeren, die Monsieur Swann eigens für uns gebracht hatte, Kirschen, weil sie die ersten waren, die der Kirschbaum im Garten nach einer Pause von zwei Jahren wieder trug, Rahmkäse, den ich doch früher immer so gern gegessen hatte, einen Mandelkuchen, weil sie ihn am Abend zuvor bestellt, und eine Brioche, weil wir an der Reihe waren, sie zu spendieren.« Hier endet der Satz, nicht aber die Liste der von Françoise zubereiteten Köstlichkeiten. Der Speisezettel wird würdig beschlossen mit einer speziell dem Vater zugedachten Schokoladencreme.

Auch den Übersetzern ist bei dieser Passage das Wasser im Mund zusammengelaufen – und zwar in einem Maße, daß sie sich um das erste Gebot des Übersetzens kaum mehr kümmerten, das Gebot nämlich, jedes Wort mit Hilfe von Wörterbüchern und Enzyklopädien oder auch von Freunden, Bekannten und Kollegen zu überprüfen.

Die Spezialitätenliste beginnt mit »une barbue parce que la marchande lui en avait garanti la fraîcheur«. Offensichtlich handelt es sich um einen Fisch, und Eva Rechel-Mertens übersetzt denn auch mit »eine Barbe, weil die Händlerin ihr garantiert hatte, sie sei ganz frisch«[6]. Das ist naheliegend, nur ist die Barbe ein in Teichen und Tümpeln (unter Umständen auch in Flüssen) lebender karpfenähnlicher Fisch, den sich Françoise – wegen des sumpfigen Geschmacks – wohl gehütet hätte, sonntags aufzutragen (auf Schweizerdeutsch würde man sagen: »er mööselet«). Auf Französisch ist die Barbe »un barbeau«; der »barbue« genannte Fisch dagegen lebt im Meer und ist ein gesuchter Speisefisch. Der erste Übersetzer von *Du côté de chez Swann*, Rudolf Schottlaender, übersetzt mit »Steinbutt«[7], was etwas zu hoch gegriffen ist, der vorläufig letzte, Michael Kleeberg, mit »Glattbutt«[8]. In einem Wörterbuch aus dem frühen 20. Jahrhundert habe ich »Rautenscholle« gefunden, und diese figuriert denn auch in *Unterwegs zu Swann*. Mein Wörterbuch vom Ende des 20. Jahrhunderts gibt »Glatt- oder Tarbutt« oder auch »Kleiss«. Vielleicht würde ich heute den »Glattbutt« vorziehen; er hat etwas Verlockenderes als die »Rautenscholle«.

Bei dem nächsten Gericht, »une dinde«, sind sich alle Übersetzer einig: »une dinde« ist ein Truthahn.

Beim übernächsten aber, den »cardons à la moelle«, herrscht Einigkeit nur unter den deutschen Übersetzern, für die es sich um Artischocken mit Mark handeln muß. Sie sind zu bedauern, kennen sie doch die kulinarischen Genüsse nicht, die das auf Französisch »cardons« und auf italienisch »cardi« genannte Gemüse bereiten kann. Es handelt sich wie bei der Artischocke um eine Distelpflanze, bei der aber nicht die Köpfe, sondern die Stengel gegessen werden. Im Piemont wird sie für die »bagna cauda« verwendet, in Frankreich und in der französischen

Schweiz wird sie gedämpft als Gemüsebeilage serviert oder auch mit Butter und Käse im Ofen überbacken als Gratin. Auf Deutsch heißt die Pflanze Gemüseartischocke, Kardiartischokke, Kardone oder Karde.

Für »gigot rôti« finden wir »Hammelbraten« bei Schottlaender, »Hammelkeule« bei Rechel-Mertens und »Lammkeule« bei Kleeberg. In der Frankfurter Ausgabe habe ich, wenn auch ungern, »Hammelkeule« beibehalten. Schon mit »Keule« tue ich mich schwer, denn was ich damit assoziiere ist nicht unbedingt eine um den Sonntagstisch versammelte Bürgersfamilie der Belle Époque, sondern eher eine um die Feuerstelle gelagerte Sippe oder Horde von Höhlenbewohnern. Auch ist in meiner Vorstellung (und in meiner Küche) ein »gigot rôti« nicht ein »gigot de mouton« (Hammel), sondern ein »gigot d'agneau« (Lamm). Allerdings gilt es zu bedenken, daß die hungrige Großfamilie in Combray mit einem »gigot d'agneau« wohl kaum satt geworden wäre. Es gilt auch zu bedenken, daß bis vor nicht allzu langer Zeit, das heißt bis die tiefgekühlten neuseeländischen Produkte auf den Markt kamen, nur ausnahmsweise Lamm gegessen wurde. Man aß Hammel und ertrug mehr oder weniger stoisch den mehr oder weniger penetranten Geruch und Geschmack. Sagt man bei der Barbe auf Schweizerdeutsch »es mööselet«, so sagt man beim Hammel »es schööfelet«.

Nach Fisch, Gemüse und Fleisch haben auch die Nachspeisen ihre Tücken: »Groseilles« hat Rechel-Mertens mit »Stachelbeeren« übersetzt, Kleeberg mit »schwarze Johannisbeeren«, zwei durchaus respektable Beeren, die hier nur deshalb ungenießbar werden, weil sie auf einer falschen Übersetzung beruhen. Stachelbeeren heißen auf französisch »groseilles à maquereaux«, schwarze Johannisbeeren, »cassis«. Nur Schottlaender hat mit »Johannisbeeren« (nämlich den roten) ins Schwarze getroffen.

Bevor man sich vom Tisch erhob, wurden in den besseren

Kreisen der französischen Gesellschaft, sagen wir in den besseren bürgerlichen Kreisen dieser Gesellschaft, Mundspülschalen gereicht. Im Drama des Zubettgehens, das im ersten Kapitel von *Combray* erzählt wird, antwortet Françoise dem kleinen Marcel, der sie gebeten hat, der Mutter einen Brief zu überbringen: »qu'on n'en était encore qu'à la glace, qu'il était impossible au maître d'hôtel de remettre la lettre en ce moment devant tout le monde, mais que, quand on serait aux rince-bouches, on trouverait le moyen de la faire passer à maman.« (PL I, S. 29).

Mit diesem Satz haben sich alle Übersetzer schwer getan. Zuletzt ich selbst, der ich glaubte, mit »maître d'hôtel« bezeichne Françoise ironischerweise sich selber. Unterdessen mußte ich einsehen, daß neben Françoise auch männliches Personal im Haus von Tante Léonie tätig ist und mit »maître d'hôtel« tatsächlich der Diener gemeint ist, warum nicht der in dieser Funktion mit gestreifter Weste und weißen Handschuhen versehene Gärtner.

Andere stolperten über »rince-bouches«: Schottlaender übersetzt zwar korrekt mit »Mundschalen«, doch bei Rechel-Mertens steht »Likör« und bei Kleeberg »Nachtrunk« und weiter unten ist bei ihm von dem »parfümierten Wasser des Nachtrunks« die Rede. Michael Kleeberg hat erklärt, er habe doch zehn Jahre in Frankreich gelebt, ohne weder dem Wort noch der Sache begegnet zu sein, und auch namhafte französische Proustkenner hätten ihm keine Erklärung liefern können. Deshalb dürfe nun die Phantasie des Romanciers walten. Dabei figuriert »rince-bouche« im Robert, das Wort figuriert auch in meinem Sachs-Villatte vom Anfang des 20. Jahrhunderts und es wird von Flaubert mehrmals verwendet, beispielsweise in *Madame Bovary*, wo vom Sonntagstisch im Hause Bovary in Tostes die Rede ist. Die Passage paßt in unseren Zusammenhang: »Quand ils avaient, le dimanche, quelque voisin à dîner, elle trouvait le moyen d'offrir un plat coquet, s'entendait à poser sur des feuilles de vigne les pyramides de reines-Claude, servait renversées les pots de confitures dans une assiette, et même elle parlait d'acheter des rince-bouches pour le dessert. Il rejaillissait de tout cela beaucoup de considération sur Bovary.«[9]

Wenn Flaubert in seinem *Dictionnaire des idées reçues* unter dem Stichwort »rince-bouche« vermerkt »signe de richesse dans une maison«[10], scheint er sich nachträglich über seine Romanfigur lustig zu machen – und vielleicht auch über sich selbst, denn bei der Bestandsaufnahme seines Nachlasses durch den Notar, Maître Bidault, fanden sich in einem Schrank nebst diversen Tee- und Kaffeetassen, Karaffen, Weingläsern usw. auch drei »rince-bouches« – man denkt an Flauberts Diktum: »Madame Bovary, c'est moi.« Wie dem auch sei: Hätte ich die Wahl zwischen »Likör« und »Nachtrunk« beziehungsweise dem parfümierten Wasser des Nachtrunks, würde ich das Digestivum Eva Rechel-Mertens dem Vomitivum Michael Kleebergs vorziehen. Glücklicherweise bleibt mir die Entscheidung erspart und glücklicherweise erwartet uns jetzt nicht ein Nach-, sondern ein Vortrunk, ein Aperitivum, das nicht länger herausgezögert werden darf.

1 Jean-Bernard Naudin/Anne Borrel/Alain Senderens: *Proust. La cuisine retrouvée*, Paris 1991.
2 Luzius Keller, *Proust lesen*, Frankfurt am Main 1991.
3 Marcel Proust, *Die wiedergefundene Zeit*, Frankfurt am Main 2002.
4 »Gegen die Dunkelheit«, in: Marcel Proust, *Essays, Chroniken und andere Schriften*, Frankfurt am Main 1992.
5 Marcel Proust, *Correspondance*, Paris 1970-1993 (21 Bände), Bd. IX, S. 139.
6 Marcel Proust, *In Swanns Welt*, Frankfurt am Main, st, S. 98.
7 Marcel Proust, *Der Weg zu Swann*, Berlin 1926, S. 101.
8 Marcel Proust, *Combray*, München 2002, S. 109.

9 Gustave Flaubert, Œuvres, Bibliothèque de la Pléiade, Paris 1951 (2 Bände), Bd. I, S. 363: »Wenn sonntags irgendein Nachbar zum Abendessen kam, fand sie Wege, etwas Hübsches aufzutragen, wußte sie, auf Weinblättern Pyramiden von Reineclauden aufzutürmen, brachte auf einen Teller gestürzte Konfitüretöpfchen auf den Tisch und sprach sogar davon, für den Nachtisch Mundspülschalen anzuschaffen. Von all dem fiel beträchtliche Hochachtung auf Bovary zurück.«
10 Ebd., Bd. II, S. 1021.

Kirsten von Hagen
Kann man Kunst schmecken?
Proust und das Drama
des Japanischen Salats

Bei Proust ist vieles Theater. Der Roman enthält nicht nur diverse Anspielungen auf Oper und Theater, mithin auf Inszenierung, er mutet auch selbst über weite Strecken wie ein Theaterstück an, das auf einer Bühne ausagiert wird. Man denke nur an die zahlreichen Salon- und Gesellschaftsszenen. Sabine Boscheinen spricht in diesem Kontext von Konversation als fingierter Mündlichkeit bzw. einer Theatralisierung der Konversation.[1] Eine zentrale Rolle in diesen Salon-Szenen spielt häufig das Kulinarische, man könnte auch umgekehrt formulieren: Das Kulinarische wird theatralisiert, ja, inszeniert. Die deutlichste Referenz an eine solche Theatralisierung des Kulinarischen findet sich in der berühmten Episode des Japanischen Salats.

Mir geht es im folgenden nicht darum, die in meinem Titel gestellte Frage abschließend zu beantworten, sondern Bezugspunkte aufzuzeigen, die diese frühe Szene für die Diskussion der Bedeutung und der Funktionalisierung des Kulinarischen in der *Recherche* hat. Die Inszenierung des Japanischen Salats nimmt eine Schlüsselstellung im Werk ein, da sie bereits eine Reflexion der Proustschen Poetik und zentraler Themen präfiguriert. Ich werde im folgenden anhand dieser Szene einige der zentralen Merkmale Proustschen Schreibens – immer im Bezug auf die Inszenierung des Kulinarischen – aufzuzeigen suchen.

Bei kaum einem anderen Autor dürfte es naheliegender sein, sein Werk auf Kulinarisches zu befragen, als bei dem französischen Autor Marcel Proust, setzt doch die Erinnerung selbst, die »mémoire involontaire«, der *Recherche* mit dem Genuß einer Madeleine ein, die in Lindenblütentee getaucht wird. In der *Recherche* erfährt der Protagonist die Welt in einer Art sakraler Erhöhung, indem er sie buchstäblich erißt, sie sich einverleibt.[2] Das physiologische Erschmecken wird zumeist als ein auslösendes Moment für eine »mémoire involontaire« in Szene gesetzt, um über die bloße willentliche Rekonstruktion der Vergangenheit hinaus die verlorene Welt wieder erfahrbar zu machen: Die Geburt der Sprache aus dem kulinarischen Erleben. Die Mahlzeit als synästhetische Apotheose.

Häufig erschöpft sich das Thema in einschlägigen Betrachtungen zum Kulinarischen jedoch darin, eine Essenssemantik allenfalls zu konstatieren, ohne jedoch zu untersuchen, wie vielfältig diese bei Proust funktionalisiert und wie Erwartungen an einen veritablen Gaumenschmaus auch in charakteristischer Weise unterlaufen werden, kurz, wie sich Gastronomisches und Poetologisches überlagern. So erlaubt die Fokussierung der Essenssemantik nicht nur Rückschlüsse auf die Inszenierung der Erinnerung bei Proust, sondern auch auf die Proustsche Ästhetik überhaupt. Nicht von ungefähr hat die ästhetische und moralische Kategorie des Geschmacks ihren Ursprung in der Erfahrung des Schmeckens.

Fast alle großen Themen der *Recherche* – Erinnerung, Künstlertum, Eifersucht, Liebe, Tod – spiegeln sich in der Essensthematik wider.[3] Gleichzeitig läßt sich eine Inszenierung, eine Theatralisierung des Kulinarischen konstatieren, die neue Perspektiven eröffnet, wie die folgende kursorische Analyse des Dramas um den Japanischen Salat verdeutlichen soll.

Zunächst zur Szenerie. Die Szene vereint, wie so viele des Romans, den »cycle amoureux« mit dem »cycle mondain«, ist es doch das erste Mal, daß Swann den Kreis der Verdurins betritt, in dem er und Odette sich näherkommen.

Es handelt sich hier um eines der berühmten Treffen des

Salons von Mme Verdurin, mithin um eine Salonkonversation: Das Gespräch dreht sich um Kunst. Im Zeichen eines für den Salon typischen »désir de plaire« versuchen die Mitglieder des Kreises um Mme Verdurin, sich gegenseitig an Brillanz zu übertreffen. Swann, der sich bereits hierin als Außenseiter erweist, beschließt, doch noch Gewinn aus der auf ihn nicht sehr geistreich wirkenden Konversation zu ziehen, indem er den Maler zu einem kürzlich verstorbenen Künstler befragt – eine Aufforderung, der dieser für Mme Verdurins Geschmack zu mondän nachkommt, als er dessen Werk an die Seite von Rembrandts *Nachtwache* stellt. Sie versucht, das Gespräch vom Künstlerischen aufs Kulinarische zu lenken, indem sie den Maler bittet zu essen, da der Fisch auf seinem Teller bereits kalt geworden sei: »Wir haben gar keine Eile«, schließt sie ihre Rede, »Sie servieren ja, als ob es brennt, warten Sie doch etwas, bevor Sie den Salat anbieten.« (FA, I, S. 371).

Madame de Cottard, die vom Kulinarischen wieder aufs Künstlerische überleiten möchte, nutzt das Wort »Salat« als Stichwort und wirft, an Odette gewendet, ein: »Ce n'est pas de la salade japonaise?« (PL, I, S. 251). Dahinter steht nicht weniger als der Wunsch zu brillieren, die eigene literarische Bildung unter Beweis zu stellen. Und wie berauscht von der zugleich diskreten und klaren Anspielung an das Stück von Dumas, bricht sie hernach in triumphierendes Lachen aus. Forcheville ist denn auch nur allzu bereit, die Komplimente, die er selbst für seinen Kunstverstand zuvor geerntet hat, nun großzügig weiterzugeben, indem er bemerkt: »Sie ist geistreich.« Mme Verdurin scheint die Äußerung dagegen nicht in einem übertragenen Sinne wahrzunehmen, sondern als direkte Frage, auf die sie antwortet, man werde den Getreuen am Freitagabend einen solchen Salat vorsetzen. Mme Cottard möchte jedoch nicht auf die Gelegenheit zur Selbstinszenierung verzichten und unter Zuhilfenahme des Bescheidenheitstopos sich selbst als provinziell bezeichnend, wendet sie sich, da

Odette sich nicht als richtige Ansprechpartnerin erwiesen hat, an Swann, der jedoch erst recht nicht empfänglich ist für die anspielungsreichen Bemerkungen Mme Cottards. Sie bekennt, das Stück von Alexandre Dumas Fils, »die berühmte Francillon, von der alle Welt spricht«, nicht gesehen zu haben, jedoch in den Salons, die sie frequentiere, wiederholt von dem japanischen Salat gehört zu haben. Hier nun überlagern sich Künstlerisches und Kulinarisches auf signifikante Weise. So gibt sie an, eine Freundin habe die im Stück von Dumas Fils genannten Zutaten zu einem ebensolchen Salat verarbeitet, der jedoch »abscheulich geschmeckt« habe. Nicht klar ist, ob sie damit auf dessen vermeintliche Exotik anspielt oder einfach nur auf die Zusammensetzung der Zutaten, die nicht den Geschmack des genannten Kreises getroffen zu haben scheint. Als sie feststellen muß, daß Swann ihre geistreiche Bemerkung nicht mit der erwarteten Heiterkeit aufnimmt, versucht sie – in dem Glauben, ihm habe das Stück Dumas' nicht gefallen – ihn in ein Gespräch über Theater zu verwickeln und ihm zwei weitere Stücke aus der Feder von Georges Ohnet anzubieten. Ihr Monolog findet indes ein abruptes Ende, als Swann ihr ironisch lächelnd gesteht, weder für das eine noch das andere der von ihr bewunderten Theaterstücke eine besondere Vorliebe zu hegen.[4] Auch ihr letzter Versuch, die Konversation doch noch zu einem Erfolg werden zu lassen, indem sie auf die Relativität eines jeglichen Geschmacksurteils hinweist, schlägt fehl, als Forcheville plötzlich ein anderes Thema anspricht – ein Themenwechsel, der von Swann dankbar angenommen wird. Die Konversation ist keineswegs beiläufig, sondern weist vielmehr zahlreiche Bezüge zum Gesamtwerk der *Recherche* und ihrer rekurrenten Themen auf.

Als Folie dient zunächst das seinerzeit heftig diskutierte Theaterstück von Alexandre Dumas Fils, *Francillon*, das 1887 uraufgeführt wurde und in dem in der zweiten Szene tatsächlich ein Japanischer Salat die entscheidende Rolle spielt.[5] Da das Stück selbst jedoch – wie häufig bei Dumas Fils – von einer Kurtisane handelt, erweist sich diese Frage angesichts der sich anbahnenden Liebschaft zwischen der Kokotte Odette und Swann als Fauxpas: Mme Cottard hat demnach gewissermaßen weder literarischen Geschmack oder Kunstverstand be- noch sich als taktvolle Konversationspartnerin erwiesen. Nun spielen aber Geschmack, Kunst- und kulinarischer Genuß in der *Recherche* eine zentrale Rolle. Der Geschmack, wie er in den einzelnen Kreisen gepflegt wird, ist, wie Jürgen Ritte aufgezeigt hat, in der Regel konventionell, witzige und abfällige Bemerkungen über moderne Autoren gehören zum guten Ton.[6] Auffallend ist des weiteren, daß hier Inklusion und Exklusion über den richtigen Code verhandelt wird. Swann z. B. wird gerade im Gespräch über den Japanischen Salat erneut exkludiert, da er den Code der Clanmitglieder nicht beherrscht, sich weigert, sich der in dem Kreis gültigen Gemeinplätze zu bedienen, was als Treulosigkeit seinerseits interpretiert wird.

So zeigt sich an dieser frühen Gesellschaftsszene im Kreis der Verdurins, die spätere Szenen im Kreis der Guermantes oder von Madame de Vilpararisis präfiguriert, die satirische Komponente solcher Gesellschaftstableaus, die im Gespräch über den Japanischen Salat ihren ureigenen Ausdruck findet.

Was sich hier in signifikanter und für Proust spezifischer Weise überlagert, ist das Gerede über Schmecken und Geschmack als Kunsturteil. Interessant ist, daß zwischen Augen- und Gaumenlust gewechselt wird. So spricht Mme Cottard am Ende von »manière de voir«, die jedem eigentümlich sei, und der Maler versucht durch einen Blick von ganz nahe – was bei dieser Art Kunst fatal ist – herauszufinden, wie es gemacht ist, wie wenn man sich der Zutaten für ein Gericht vergewissert. An anderer Stelle ist in einer Anspielung auf den berühmten Wettstreit zwischen Zeuxis und Parrhasios die Rede davon, daß Mme Verdurin vor allem an Augenschmaus gelegen ist, wenn sie bezüglich der kunstvollen Ausgestaltung ihres Salons bemerkt, sie müsse Trauben nicht in den Mund stecken, um sie zu genießen: sie weide ihre Augen daran.[7] Gumbrecht zufolge schreibt sich Proust mit seiner *Recherche* in eine Zeit ein, in der, wie er am Beispiel von Nietzsches *Jenseits von Gut und Böse* (1886) aufzeigt, eine »Rehabilitierung der Geschmackssinnlichkeit« zu konstatieren ist: Es kommt zu einer Rückführung des ästhetischen Geschmacksbegriffs auf ein sinnliches Erleben, ausgelöst von einem Erfahren des eigenen Körpers. Gleichzeitig ist hier die Rede von einem gegenüber dem Gesichtssinn unwillkürlichen Sinn des Geschmacks.[8]

Des weiteren ist es kein Zufall, daß im Kontext dieser Szene ein japanischer Salat die entscheidende Rolle spielt, war doch bereits zuvor in diesem Teil der *Recherche* von der Japanvorliebe Odettes zu lesen, die auf die Präferenz der Belle Epoque insgesamt verweist und als deren Hintergrund die japanischen Pavillons auf den Weltausstellungen von 1878 und 1889 zu nennen sind. Interessant ist nun, daß bereits Dumas Fils ganz bewußt ironisch auf diese rekurriert.[9] So sagt Anette, die Autorin des »salade japonaise«, der Salat sei nicht etwa japanisch, sie habe ihn vielmehr nur so genannt: »Pour qu'elle ait un nom; tout est japonais, maintenant.«[10] Japanisch an dem Salat ist zunächst einmal nichts, vielmehr handelt es sich bei dem Rezept um einen gut gewürzten und mit Miesmuscheln, Trüffeln und einem halben Glas besten Château-Yquem-Weines verfeinerten Kartoffelsalat.

Wie später in der Szene des Diners mit dem Diplomaten Norpois im Hause des Erzählers geht es auch in Dumas' Stück um eine Konversation, einen Empfang, der durch das Rezept des Japanischen Salats unterbrochen wird. Bereits Platon zog das Bildnis des Essens heran, um tiefgründigere Weisheiten zu reflektieren: »Wer essen will, ohne sich auf die Kochkunst zu verstehen, wird über die dargereichten Speisen kein sicheres Urteil fällen können.« Und Ulrich Schulz-Buschhaus konstatierte, was in den Künsten oder im gesellschaftlichen Verkehr Geschmack beweise, müsse potentiell als Metapher eines schmackhaften Gerichtes darstellbar sein, ebenso wie umgekehrt das künstlerisch Verfehlte die Allegorie eines lächerlich mißlungenen Gastmahls nahelege.[11] Beides findet sich nun in Ansätzen bereits bei Dumas, als Signatur des Künstlertums jedoch erst in der *Recherche*. Man weiß freilich nicht, was den Damen, die den Salat nachgekocht haben, nicht gefallen hat: die vermeintliche Exotik oder die Zusammensetzung des Gerichtes, d. h. gastronomische Kunstfehler, wie sie in Form einer auffälligen Abundanz unterschiedlicher Materialien im »Repas Ridicule« des 19. Jahrhunderts – man denke nur an Flauberts *l'Education sentimentale* –, aber auch schon bei Boileau als Gleichnis literarischer Verfehlungen figurierten.[12] Möglich sind beide Lesarten, einschließlich ein Seitenhieb auf die Internationalisierung der Gastronomie um 1900 – oder auch einfach gastronomischer Unverstand seitens der Sprecherin, äußert der Ich-Erzähler doch im letzten Band der *Recherche*, in einem unveröffentlichten Tagebuch der Brüder Goncourt über ein Diner bei den Verdurins gelesen zu haben: »ich kenne nicht viele Orte, wo ein schlichter Kartoffelsalat aus Kartoffeln zubereitet wird, die die Festigkeit japanischer Elfenbeinkugeln mit der Textur jener Elfenbeinlöffelchen vereinen, mit denen die Chinesinnen Wasser auf den Fisch gießen, den sie gefangen haben.« (FA VII, S. 28 f.).[13] Auch diese Szene, die erneut die Künstlichkeit der Diners bei den Verdurins betont, den Augenschmaus, hinter dem sich der Gaumenschmaus verbirgt, und die nicht von ungefähr die Form eines Goncourt-Pastiches hat, ist zentral für die Poetik Prousts, zentral für die Entwicklung des eigenen Stils, wie sie in diesem letzten Band der *Recherche* noch einmal reflektiert wird.

Sieht man sich das Rezept, welches Dumas auf der Bühne inszeniert, genauer an, so fällt tatsächlich die Komposition einfacher mit erlesenen Zutaten auf, aber auch die Abundanz des Erlesenen in Form von Trüffeln und einem Schuß des erlesensten Weines. Des weiteren die genaue Beschreibung der Zubereitungsart: »Vous faites cuire des pommes de terre dans du bouillon, vous les coupez en tranches comme pour une salade ordinaire, et, pendant qu'elles sont encore tièdes, vous les assaisonnez de sel, poivre, trés bonne huille d'olives à goût de fruit, vinaigre.« Anette geht es, wie später auch Françoise, um eine sorgfältige Zubereitung der Speisen, die Zeit benötigt, damit sich die einzelnen Komponenten durchmischen und ihre Aromen sich entfalten können. So sagt die Autorin des Rezeptes später: »Il ne faut pas la brusquer; elle est très délicate et tous ses aromes ont besoin de se combiner tranquillement.«[14]

Bei Proust freilich wird auf die Szene Dumas' nur alludiert, genannt werden dagegen vielmehr die Zutaten des verstorbenen Malers, die zuvor von seinem Kollegen genau beschrieben werden – auch hier vor allem in dem Wunsch, vor den anderen Gästen zu brillieren: »Ich bin ganz nahe herangetreten [...] um zu sehen, wie es gemacht ist, ich habe mir fast die Nase plattgedrückt. Unglaublich! Man kann nicht sagen, ob er Kleister, Rubinen, Seife, Bronze, Sonnenstrahlen oder Kacka dazu nimmt.« (FA I, S. 369). Nun hat schon Anita Albus in einem Essay über Vermeer und Proust darauf hingewiesen, man könne, wenn man die Differenz der Medien vernachlässige, sagen, daß Proust in seinem Roman »pan de passé« für »pan de passé« in Schichten übereinanderlege, wie Vermeer seine Farben, wobei es beiden darum gehe, die Spuren des Machens zu tilgen.[15]

Anders als bei Proust, bei dem die Rede über das Kulinarische in dieser Szene bereits die eigene Poetik durchscheinen läßt, figuriert bei Dumas nicht eine Köchin als Künstlerin, sondern die Schwester des Hausherrn. Das Rezept gibt sie Henri für dessen Mutter, die, so heißt es, »un peu gourmande« sei.

Während es Françoises Profession ist, zu kochen, dient es Anette lediglich zur Verfeinerung anderer Fertigkeiten einer Tochter aus gutem Hause, wie Sticken, Reiten, Tanzen oder Klavierspielen, mit dem Ziel, den Männern zu gefallen. Dennoch tritt sie nicht nur als Zubereiterin des Salats auf, sondern auch als Künstlerin. Wiederholt ist in dem Gespräch die Rede davon, daß der Salat ihre »Komposition« (»de votre composition«) sei, daß sie ihn »erfunden« habe (»C'est vous qui l'avez inventée?«), daß er ihrem Einfallsreichtum (»imagination«) zu verdanken sei.[16] Anette wird demnach wie Françoise eine eigene Signatur als Künstlerin zugeschrieben – auch wenn man konzedieren muß, daß dies vor einem anderen Hintergrund geschieht. Dumas spielt hier in ironischer Weise auf die Mode der Zeit an, vor allem geht es ihm jedoch um eine, wenngleich vorsichtig formulierte Kritik an der weiblichen Erziehung, der Rollenverteilung von Frau und Mann und der Frage der Mutterschaft. Bei Proust dagegen, ich brauche dies nicht eigens zu betonen, handelt es sich um die eigene Poetik, die nicht zuletzt in solchen Gesprächen über das Kulinarische häufig eine zentrale Rolle spielt. Ich möchte nun hier nicht auf die Madeleine-Episode eingehen – dies ist ein eigenes Thema und wird an späterer Stelle aus prominenter Feder reflektiert werden –, sondern auf eine andere Episode, in der ein Salat die entscheidende Rolle spielt, in gewisser Weise eine Fortsetzung dieser Szene: und erneut eine Frage des guten und schlechten Geschmacks.

Es handelt sich bei dem Drama des japanischen Salats um die Antizipation einer späteren Szene, in der ebenfalls Kulinarik, sogar ein Salat, zentrale Bedeutung erlangt: das Diner mit Monsieur de Norpois im Hause des Ich-Erzählers. Wiederholt werden im kulinarischen Bereich der *Recherche* Geschmackserlebnisse metaphorisch ausgeweitet: In dieser Szene ist es so, daß ein »bœuf à la gelée«, wie es die Köchin Françoise komponiert, mit all seinen sorgfältig ausgewählten Zutaten als

Bild für die Vollkommenheit des Kunstwerkes figuriert. Dies zeigt sich nicht zuletzt im Urteil des Marquis de Norpois, der das Diner wie ein Kunstwerk beurteilt und hier denn auch größeren Geschmack beweist als in literarischen Fragen. Während er das »bœuf à la gelée«, das aus einfachsten Zutaten dank der gelungenen Zubereitung zu einem Geschmackskunstwerk avanciert, in höchsten Tönen lobt, findet Françoises Ananassalat mit Trüffeln trotz der exotischen und teuren Zutaten nicht dieselbe Zustimmung des Gourmets. Die Voraussetzungen für das Gelingen eines Gerichtes sind, wie sich im Verlauf der *Recherche* erweist, dieselben, die der Ich-Erzähler an sein eigenes Schreiben stellt: Die Einfachheit der Zutaten korrespondiert mit der Alltäglichkeit der Themen. Wichtig ist hier wie dort die sorgsame und langwierige Art der Zubereitung, die allein ein harmonisches Ganzes garantiert. So aber liest sich die Beurteilung der Kochkunst wie eine Poetik der *Recherche*: Anita Albus schreibt: »Wie das Gelée des so geschätzten *bœuf à la mode de Françoise* die erstarrte Reduktion eines geklärten Fonds aus allerlei Fleischstücken, Knochen und Aromaten darstellt, so sind die Figuren der *Recherche* aus Körperteilen, Gesten, Wesenszügen, Redeweisen, Denkgewohnheiten von unterschiedlichen Menschen rekonstruiert, denen Proust auf dem ›Markt‹ des mondänen Paris begegnet war.«[17]

Françoise fertigt ihr Kunstwerk, das »bœuf à la gelée«, »selon des méthodes sues d'elle seule« an, das Kunstwerk verrät ihre Signatur, wie bereits die im ersten Band erwähnte »crème au chocolat«. Von der Zubereitung der bekannten Restaurants der Zeit unterscheidet sich ihre Kreation nicht zuletzt durch die zeitliche Dimension: »Ils font cuire trop à la va vite, répondit-elle en parlant des grands restaurateurs, et puis pas tout ensemble. Il faut que le bœuf, il devienne comme une éponge, alors il boit tout le jus jusqu'au fond.« (PL I, S. 485).

Ihre Kochkunst ist demzufolge aber auch eine Antwort auf

die zunehmende Automatisierung und Mechanisierung bei der Zubereitung von Gerichten. Wiederholt wird Françoise als Künstlerin installiert. Ihre Küche spiegelt den Rhythmus der Jahreszeiten wider und erinnert an die Flachreliefs einiger Kirchenportale. Wer sich weigert, von ihrer »crème au chocolat« zu kosten, wird als Banause aus dem Kreis der Kunstkenner ausgeschlossen. Als Künstlerin wird Françoise wie Elstir, Bergotte und Vinteuil eine eigene Signatur zugeschrieben. Risse bekommt das Bild der Künstlerin, als Marcel dem Schaffensprozeß selbst beiwohnt und sieht, wie sie einem flüchtenden Hühnchen unter Beschimpfungen den Kopf abzuschneiden versucht. Der Kampf mit der Materie zeigt die andere Seite des ins Sakrale erhöhten Kunstwerks. Damit nähert sich die Köchin erneut den großen Künstlergestalten der *Recherche* an, bei denen ja wiederholt zu konstatieren ist, wie wenig ihre tatsächliche Erscheinung mit dem Mythos ihrer Werke in Einklang zu bringen ist. Den Genuß des Werkes selbst, der häufig einem epiphanieähnlichen Erlebnis gleichkommt, vermag dies nicht zu schmälern.

Es handelt sich mithin nicht um die Frage der Zutaten, um ein einfaches Nachkochen. Man kann Kunst wie Essen nicht einfach konservieren, da mehr dazu gehört: die Augen- und Gaumenlust.

Es geht aber nicht in erster Linie um Transfiguration, sondern um »rédecouverte«, wie Proust schon 1895 in einem unveröffentlichten Essay über Chardin und Rembrandt dargelegt hatte: Um den besonderen Akzent, den nur der Künstler dem Alltäglichen zu verleihen vermag. Bezugspunkt ist diesmal nicht ein Drama, sondern Malerei, die jedoch auch in spezifischer Weise inszeniert wird. Proust beginnt diesen Aufsatz mit einem Gleichnis und mit einer Szene, die dem Bereich der Kulinarik entstammt. Ein junger Mann, »de goûts artistes«, wie Proust schreibt, findet sich in just jenem traurigen und banalen Augenblick in einem »Salle à manger«, da man dabei ist, das Frühstück zu beenden, der Tisch aber noch nicht abgedeckt ist. Während der junge Mann den Ruhm der Museen, Kathedralen, Meer, Berge imaginiert, muß er gelangweilt und enttäuscht (Proust verwendet hier jedoch auffälligerweise den englischen Begriff des »Spleen«) feststellen, daß dort nichts zu sehen ist, als folgendes: »un dernier couteau traîner sur la nappe à demi relevée qui pend jusqu'à terre, à côté d'un reste de côtelette saignante et fade. Sur le buffet un peu de soleil, en touchant gaiement le verre d'eau que des lèvres désaltérées on laissé presque plein, accentue cruellement, comme un rire ironique, la banalité traditionnelle de ce spectacle inesthétique.«[18]

Wenn er sich nun enttäuscht und mit »dégoût« von dieser Banalität abwendet und sich auf den Weg zum Louvre macht, um sich dort an den Gemälden eines Veronese, Van Dyck oder Claude Lorrain zu erfreuen, Augenschmaus suchend, werde er, so der Ich-Erzähler des Essays, ihn nicht abhalten, sondern ihn vielmehr begleiten. Er führt ihn vor die Gemälde Chardins und zeigt ihm das triste Schauspiel ins Kunstwerk gewendet: Es vermag angesichts der vorigen Ausführungen nicht zu erstaunen, daß es insbesondere *ein* Werk Chardins ist, das er gleich dreimal erwähnt: *Fruits et Animaux*. Die Erklärung, die Proust für die Faszination des jungen Mannes offeriert, der nun mit Lust anschaut, was er zuvor verabscheute, ist ebenso einfach wie luzid: »Si tout cela vous semble maintenant beau à voir, c'est que Chardin l'a trouvé beau à peindre. Et il l'a trouvé beau à peindre parce qu'il le trouvait beau à voir.«[19] Nur unbewußt, so Proust in diesem Text, habe der junge Mann das Vergnügen gespürt, daß dieses Spektakel des einfachen Lebens, dieses Stilleben ihm bereitete. Es habe den Maler benötigt, dieses zu sehen, damit er es erkennen und zum erstenmal goutieren konnte: wie die Beschreibung, die Visualisierung der Überreste des Mahls, die doch in jedem Detail die

Proustsche Beschreibungskunst des vermeintlich Alltäglichen, Banalen verrät.

So verwundert es nicht, daß sich in der *Recherche* selbst eine Stelle findet, die sich zugleich als Reprise dieser kunstästhetischen Betrachtung liest. In den Gemälden des fiktiven Malers Elstir findet der Ich-Erzähler, was der Autor im Aufsatz über Chardin bewunderte: »Seitdem ich Elstirs Aquarelle gesehen hatte, suchte ich deren Gegenstände in der Wirklichkeit wiederzufinden und liebte sie wie etwas Poetisches: die unterbrochene Gebärde der noch kreuz und quer umherliegenden Messer, die gebauschte Form einer nicht zusammengelegten Serviette, in die die Sonne ein Stückchen gelben Samt einwebt, das halbgeleerte Glas, das dadurch um so besser den edlen Kelch seiner Umrißlinien zeigt [...].« Der kulinarische Genuß ist an- und abwesend zugleich. So heißt es einige Zeilen später: »die Promenade der abgenutzten Stühle, die zweimal am Tag sich um einen Tisch versammeln, der festlich gedeckt ist wie ein Altar, auf dem die Riten der Feinschmeckerei zelebriert werden sollen und wo in den Austernschalen ein paar Tropfen lustrierenden Wassers zurückgeblieben sind wie in winzigen steinernen Weihwasserbecken; ich versuchte die Schönheit dort zu erkennen, wo ich sie mir niemals vorgestellt hatte, in den gebräuchlichsten Dingen, jenem inneren Leben, das auf ›Stilleben‹ dargestellt wird.« (FA II, S. 637).

Kunsterfahrung ist bei Proust zugleich Wirklichkeitserfahrung und Transzendierung des sinnlich Erfaßten in metaphysische Bereiche, wie Ursula Voß konstatiert.[20]

Deshalb überrascht es nicht, daß der zum Künstler gereifte Protagonist sich am Ende der *Recherche* fragt: »Ne ferais-je pas mon livre de la façon dont Françoise faisait ce bœuf-mode apprécié de monsieur de Norpois et dont tant de morceaux de viandes ajoutés et choisis enrichissaient la gelée« (PL, IV, S. 1035; FA VII, S. 508).

Haben wir nun am Beispiel der Szene einige Aspekte des Kulinarischen in der *Recherche* skizziert, so möchte ich nun noch kurz eine weitere Dimension des Japanischen Salats aufzeigen.

Was in den bislang diskutierten Inszenierungen am Beispiel des Kulinarischen erörtert wird, ist nicht zuletzt das Verhältnis von Flüchtigkeit und Konservierung, wie es auch in der zum Schluß geschilderten Episode in Balbec indirekt diskursiviert wird: dem flüchtigen Moment, den beschleunigten Wahrnehmungsbedingungen, wie sie sich insbesondere in der Großstadt des 19. Jahrhunderts darstellen, wird der Versuch entgegengesetzt, durch die Beschreibung, durch die »rédecouverte« im Kunstwerk über den Augenblick hinaus Dauer zu verleihen. Während die Laterna Magica als Frühform des Films eine zentrale Rolle im »drame du coucher« spielt und das Telephon in der Erinnerung an die Großmutter, während das Automobil als Zeichen einer zunehmenden Technisierung die Kutsche ablöst, so findet die zunehmende Technisierung des Kulinarischen nur indirekt Erwähnung – im Rekurs auf Dumas Fils und einer Beschwörung des guten Mahles, wie es häufig inszeniert und zugleich ironisch gebrochen wird. Die eigentliche Technisierung der Lebensmittel nimmt eine Leerstelle in der *Recherche* ein. Die Entstehung einer Lebensmittelindustrie und die Produktion von Fertignahrung in großem Stil wurde erst durch moderne Konservierungsverfahren möglich. Ein Blick in die Kulturhistorie zeigt, daß die Erfindung der Konserve mit dem Umbruch des 18. zum 19. Jahrhunderts zu konstatieren ist. 1795 setzte Napoleon I. den Preis von 12000 Goldfranken für die Erfindung eines Verfahrens zum Haltbarmachen von Nahrungsmitteln aus. Der Stratege dachte dabei weniger an die Bevölkerung, als vielmehr an die Armee, die lange haltbare Vorräte benötigte. Preisträger war der Pariser Konditor und Zuckerbäcker François Nicolas Appert. Appert hatte eine Methode gefunden, Lebensmittel in Gläsern durch ein Vakuum zu schützen. Bereits 1812 wurden die ersten

Proto-Konserven hergestellt. Die ersten richtigen Konservenfabriken nahmen ihre Arbeit indes erst 1850 auf. Andere Quellen sehen Peter Durand als den Erfinder an. Er soll die Konservendose ebenfalls 1810 vorgestellt haben.

1862 ist der Beginn der Großproduktion von Liebig's Fleischextrakt anzusetzen. 1876 schließlich erfindet Carl von Linde die Kompressions-Kältemaschine, die Grundlage der modernen Kühltechnik. Weitere Entdeckungen, die das Kulinarische auf moderne Bedürfnisse umstellen, waren die Gründung der Campbell-Soup-Company, die Erfindung des Heinz-Tomaten-Ketchup (1876), von Colman's Mustard (1878) und der Maggi-Suppenwürze (1886). 1888 entwickelt Pasteur in seinem Pariser Labor eine Methode zum Abtöten von Mikroorganismen durch Hitze: das Pasteurisieren. Er ist damit zugleich ein Wegbereiter der modernen Konservierungsverfahren. 1903 wurde in den USA erstmals mit großem Erfolg weißer Thunfisch in Dosen angeboten.

Die technischen Fortschritte zu Beginn des Jahrhunderts wie Gas, Elektrizität, Kühlschränke veränderten auch das Eßverhalten. Auf den Märkten vermischten sich Altes und Neues, exotische Früchte wurden zum Kauf angeboten. Die Pariser Weltausstellungen sorgten für eine Internationalisierung der Gastronomie, die zuvor der Elite vorbehalten war. Die Menge stürzte sich auf die Autoklaven, mit deren Hilfe die ersten Konserven hergestellt wurden. Proust spricht 1912 vom »Zusammenbruch des kultivierten Essens«.

In der *Recherche* avanciert der Essenscode einerseits im Sinne einer Archäologie zu einem Beschreibungsmodus für die blasierte Gesellschaft der Jahrhundertwende. Tatsächlich kommt es am Ende der *Recherche* zu einer Reintegration der Erfahrungen der Flüchtigkeit in die Totalität der Erinnerung, welche, wie Doetsch schreibt, in der Dauerhaftigkeit des Kunstwerks ihre Befestigung finde.[21]

Bei Proust erscheint das Vergangene eingeschlossen in »mille vases clos« (PL IV, S. 448) und unzugänglich der bewußten Erinnerung. Das Vergessen hat jegliche Verbindung der Gefäße untereinander und zur Gegenwart unterbunden. Lediglich der sinnliche Eindruck vermag es, das verschlossene Gefäß wieder zu öffnen und somit die Vergangenheit wieder zugänglich zu machen (PL IV, S. 448 f.). In dieser Verbindung zwischen dem gegenwärtigen und dem vergangenen Augenblick, dem »miracle de l'analogie«, entsteht die Erfahrung der »essence des choses« (PL IV, S. 450). Doetsch konstatiert, hier solle ein letztes Mal in der Geschichte der Ästhetik das Kunstwerk die »paradoxe Vermittlung des Flüchtigen und Kontingenten in das Dauerhafte und Essentielle leisten«.[22] Es ist – wie Gerhard Neumann konstatiert – ein Wettlauf mit dem Tod, mit dem eigenen Sterben.

Konservierung (von lat. conservare = erhalten, bewahren) bezeichnet die Veränderung der auf einen Stoff einwirkenden Bedingungen mit dem Ziel, ihn über möglichst lange Zeit so zu erhalten, daß er seinen Zweck weiterhin erfüllen kann oder seine Erscheinung möglichst originalgetreu bleibt. Auch die Veränderung des Stoffes selbst wird hingenommen, solange das Ziel erfüllt wird. – Vergleicht man diese Definition mit Prousts literarischem Verfahren, so wird deutlich, daß er selbst einerseits als Konservator wirkt. Er verhindert den Verfall seiner Welt des Faubourg Saint Germain, des Paris der Belle Epoque, der Cafés, in denen man die beste Schokolade trinken konnte, der Zubereitung eines »bœuf à la gélée«, wie die Konserve den Zerfall des Lebensmittels verhindert, in einem obsessionellen Schreiben im Wettlauf mit der Flüchtigkeit. Das Werk ist abgeschlossen und unabgeschlossen zugleich. Kunst wird keine einseitige mimetisch-konservierende Funktion zugeschrieben, vielmehr werden Produktion und Erleben dialektisch aufeinander bezogen. Der Begriff von Kunst werde, so

Doetsch, »dynamisiert zu dem eines supplementären Systems, das keineswegs mehr auratische Erfahrungen konserviert, sondern sich als System von Verweisungen, als Wettstreit von Formen und Konfigurationen darstellt.«[23] Proust setzt dem Geist der Zeit eine Kunst des Genießens gegenüber, der jedoch das Wissen um die eigene Flüchtigkeit eingeschrieben ist. Am Ende der *Recherche* wird der Leser aufgefordert, wieder am Anfang mit erneuter Lektüre zu beginnen: in einem Akt des Schreibens und Lesens ohne Ende.

Das Schlußwort, mit dem ich zum Anfang zurückkehre, möchte ich einem Zeitgenossen Prousts und wahren Gourmet überlassen, Maurice Edmond-Saillant, genannt Curnonsky, der gesagt hat: »La cuisine, c'est quand les choses ont le goût de ce qu'elles sont«, »Kochkunst besteht darin, daß die Dinge den Geschmack haben, der ihnen eigen ist«.[24]

1 Vgl. Sabine Boscheinen, *Unendliches Sprechen: Zum Verhältnis von ›conversation‹ und ›écriture‹ in Marcel Prousts* À la recherche du temps perdu, Tübingen 1997, S. 7 u. S. 85 ff.
2 Vgl. Sibylla Laemmel, »Marcel Proust – Geschmack und Neigung«, in: *Proustiana* VIII/IX, Köln 1991, S. 6.
3 Vgl. Veronika Eckl, Mahlzeiten: Die Essensthematik in Literatur und Film des 20. Jahrhunderts, Regensburg 2001, S. 23 und S. 32.
4 »Vraiment, qu'est-ce que vous leur reprochez? Est-ce un parti pris? Trouvez-vous peut-être que c'est un peu triste? D'ailleurs, comme je dis toujours, il ne faut jamais discuter sur les romans ni sur les pièces de théâtre. Chacun à sa manière de voir et vous pouvez trouver détestable ce que j'aime mieux« (PL II, S. 253).
5 Die Szene läßt sich auch als Anspielung auf den berühmten Vater lesen, der sein Leben lang eine große Passion fürs Gastronomische erkennen ließ und sich in den letzten Jahren seines Lebens der Redaktion des monumentalen *Dictionnaire de Cuisine* (1871-73) widmete, in dem er Rezepte, persönliche Erinnerungen, Anekdoten und Reflexionen auf ingeniöse Weise verknüpfte.

6 Jürgen Ritte, »Qu'est-ce que la lecture? Bemerkungen über den Zusammenhang von Lektüre, Kritik und Theorie bei Proust«, in: Reiner Speck (Hg.), *Marcel Proust: Werk und Wirkung*, Frankfurt/M. 1982, S. 175-187, S. 183.
7 Der griechische Maler Zeuxis konnte Trauben so mimetisch malen, daß selbst Vögel sich durch seine Kunst täuschen ließen. Im Wettstreit mit Parrhasios unterlag er jedoch: Als dieser ihn vor einen Vorhang führte und Zeuxis den drapierten Stoff beiseite schieben wollte, um das dahinter Verborgene zu sehen, mußte er feststellen, daß er bereits ein Bild vor sich hatte. Diese ›höhere‹ Täuschung beruht darauf, daß die gemalte Oberfläche, indem sie etwas zeigt, zugleich etwas verbirgt.
8 Hans Ulrich Gumbrecht, »Wie sinnlich kann Geschmack in der Literatur sein? Über den historischen Ort von Marcel Prousts Recherche«, in: Marcel Proust: Geschmack und Neigung, hg. von Volker Kapp, Tübingen 1989, S. 107-126.
9 Sowohl bei Proust als auch bei Dumas ließe sich damit auch von einer Satire des lächerlichen Mahls sprechen, wie sie bereits Horaz in den Sermones (II 8, V. 6-1) formuliert hat (Ulrich Schulz-Buschhaus, »Françoise oder die Poetik eines ›bon dîner‹«, in: *Marcel Proust: Geschmack und Neigung*, hg. von Volker Kapp, Tübingen 1989, S. 143-159, S. 143.).
10 Alexandre Dumas Fils, *Francillon. Pièce en trois actes*, Paris 1896, S. 11.
11 Vgl. Schulz-Buschhaus, S. 145.
12 Vgl. Schulz-Buschhaus, S. 146 f.
13 Bezeichnenderweise äußert Mme Verdurin im selben »Goncourt-Pastiche« einige Zeilen später, daß ihr Mann unempfänglich für solcherlei kulinarische Exquisitäten sei, denen er eine Flasche Apfelwein in der derben Kühle eines normannischen Bauernhofs vorziehe. Während sie das Raffinement sucht, die Künstlichkeit und Internationalität der Speisen und Dekors, und dies stärker aus Eitelkeit und dem Wunsch zu gefallen, so ist er an einfachen Genüssen interessiert, die dem heimischen Boden entstammen. Er ist, wie wir sehen werden, der eigentliche Gourmet.
14 Dumas Fils, *Francillon*, S. 11 ff.
15 Anita Albus, »Der gelbe und der blinde Fleck«, in: *Marcel Proust:*

Zwischen Belle Époque und Moderne, hg. von Reiner Speck/Michael Maar, Frankfurt/M. 1999, 83-99, S. 95.
16 Dumas Fils, S. 11 ff.
17 Albus, S. 83. Albus verweist hier auch auf die Übersetzungsproblematik. Eine »daube de bœuf« sei ein Rinderschmorbraten, kein Rinderfilet, auch gehe es nicht darum, daß die Jus, sondern das Gelée nicht nach Gelatine schmecke, weil es ohne künstliche Dickmittel aus Kalbsfüßen hergestellt wurde.
18 Marcel Proust, *Contre Sainte-Beuve*, édition établie par Pierre Clarac, Paris 1971, S. 372-374.
19 Ebd.
20 Ursula Voß, »Blüte und Ballkleid zugleich: Proust und Mode«, in: *Marcel Proust: Werk und Wirkung*, Frankfurt/M. 1982, S. 156 bis 174, S. 157.
21 Hermann Doetsch, *Flüchtigkeit: Archäologie einer modernen Ästhetik bei Baudelaire und Proust*, Tübingen 2004, S. 271.
22 Doetsch, S. 274.
23 Ebd., S. 358 u. 386.
24 Zitiert nach: Leo Moulin, *Augenlust und Tafelfreuden. Essen und Trinken in Europa. Eine Kulturgeschichte*, München 2002, S. 28.

Volker Roloff
La physiologie du goût:
Von Brillat-Savarin zu Proust

Es gehört zu der von Reiner Speck begründeten Tradition der deutschen Proust-Gesellschaft, nicht nur Kolloquien, sondern vorzugsweise »Symposien« zu veranstalten. Dahinter steckt der Wunsch, mehr zu suchen und zu gestalten als nur eine akademische Diskussion, vielleicht auch die Suche nach einer verlorenen Korrespondenz der Sinne. Dies gilt umso mehr für ein »kulinarisches Symposion«, in dem es um die Kunst des Genießens bei Proust geht. Jeder kann sich an bestimmte Momente des Genießens erinnern, aber auch an die Irritationen, Brüche und Enttäuschungen, die das sinnliche Genießen, das Zusammenspiel der Sinne so schwer machen. Nicht allen Lesern ist bewußt, wie sehr Platons *Symposion*, das Gastmahl, das im übrigen überhaupt nicht platonisch ist, gewissermaßen als Urtext, als Prototyp einer solchen Idee gelten kann, und zwar als Modell für die Komplexität des Geschmacks, für die Ambiguität des Genießens: einerseits die Suche nach einer möglichst vollkommenen Sinnlichkeit, die Erotik und Spiritualität, Körper und Seele verbindet, und andererseits die Erfahrung der Vergeblichkeit dieser Suche. Ich werde im folgenden einige Aspekte dieser Problematik von Platons *Symposion* über Brillat-Savarins *Physiologie du goût* bis zu Prousts *Recherche* verfolgen.[1]

Wir finden in der *Recherche* die beiden Seiten der Sinnlichkeit in einem bis zum äußersten differenzierten und erweiterten Spektrum. Die Suche nach den Glücksmomenten, die alle Sinne und Künste kombinieren und zusammenführen – und ein Grübeln über die Grenzen, die Täuschungen und Enttäuschungen der Sinne; ein Grübeln, das aber nicht nur resigniert, sondern durch Ironie und Skepsis gekennzeichnet ist. Damit ist Proust eine wichtige Referenz für aktuelle Überlegungen zur Korrespondenz der Sinne, die sich in einem Grenzbereich von Physiologie und Phänomenologie, Wahrnehmungsästhetik, Psychoanalyse und Anthropologie und nicht zuletzt auch Gastronomie bewegen.

Daß das Genießen, die Utopie einer vollkommenen Sinnlichkeit schon in dem Moment, in dem wir darüber reden oder schreiben, entglitten und vergangen ist und immer nur als Wunsch, als »désir« oder Projektion existieren kann, gehört zu den Topoi der Literatur und Kunst. Aber Prousts Roman ist weit davon entfernt, diesen melancholischen Gemeinplatz erneut zu wiederholen oder zu variieren. Die Reflexion über die Korrespondenz der Sinne, über die Wechselwirkungen von Körper und Geist, Wahrnehmung und Imagination führt bei Proust einerseits zur äußersten Entfaltung und einer neuen Konzeption der Synästhesie, zur Darstellung einer »monde sensible«, die, wie schon Jean-Pierre Richard erläutert, alle Sinne umfaßt. Richard spricht bei Proust von einer »sensibilité«, die alles erfassen und in alles eindringen will, wobei »incorporation« zu den Schlüsselbegriffen gehört.[2] Die Sinne, Auge, Geruch, Geschmack sind so weit wie eben möglich kombinierbar, austauschbar, ineinander verschachtelt: »embrasser Albertine«, »baiser«, »[...] serait connaître le goût, la saveur, d'une couleur bien souvent regardée«. (PL II, S. 657-658) »Odeur« und »saveur« gehören zu dem von Proust sogenannten »mémoire du corps« und sind imstande, »l'édifice immense du souvenir« zu tragen, »sur leur goutelette presque impalpable« (PL I, S. 46).

Es gibt bei Proust keine Hierarchisierung höherer und niederer Sinne und auch keine sichere Abgrenzung zwischen Materialität und Spiritualität, Imagination und Wahrnehmung. Aber in diesem Zusammenspiel der Sinne, der synästhetischen Erweiterung des Spielraums einzelner Sinne, die Proust vor allem mit dem Begriff »goût« zu umfassen sucht, werden auch die Brüche und die Spannungen sichtbar, spürbar und greifbar. Die Grenzen der Sinne verändern sich, die Sinne selbst verwandeln sich: »Quand le narrateur reconnaît la présence du désir dans la perception, *le goût* apparaît comme la relation qui unit la propriété d'un corps et le moi sensitif«.[3] Hinter der »perception visuelle«, die das erotische Begehren hervorruft, so als ob die anderen Sinne den Augensinn damit beauftragt hätten, schlummern und lauern diese anderen Sinne »grâce aux arts de transposition, au génie de synthèse où excelle le désir«: »ils [les sens] vont chercher l'une derrière l'autre les diverses qualités odorantes, tactiles, savoureuses, qu'ils goûtent ainsi même sans le secours des mains et des lèvres« (PL II, S. 246).[4] Damit wird der Geschmack, »le goût«, zu einer synästhetischen Kategorie: »Le goût est ici une sensation syncrétique qui rassemble toucher, odorat et saveurs ...«[5]. »Le goût« kann sich, wie auch Hans Ulrich Gumbrecht bemerkt, zugleich auf den »Gegenstand und den Akt der sinnlichen Erfahrung richten« und löst »eine Intensivierung der Selbsterfahrung« aus, in der Physisches und Psychisches untrennbar verbunden sind.[6]

»Goût« ist einer der von Proust bevorzugten Begriffe, um das Prinzip dieser Synthese und Metamorphosen zum Ausdruck zu bringen: die Synästhesie nicht nur als sprachliches Phänomen, sondern im erweiterten Sinne als »figure«, um die Korrespondenzen, Transformationen und Substituierbarkeit der Sinne zum Ausdruck zu bringen. Damit bin ich bei Brillat-Savarins *Physiologie du goût*, in der der Begriff »goût« ebenfalls eine Schlüsselrolle spielt – und auch hier schon in dieser Erweiterung des Begriffs, die in der deutschen Sprache kaum übersetzbar ist. »Le goût«, so formuliert es Brillat-Savarin, »nous invite, par le plaisir à réparer les pertes continuelles que nous faisons par l'action de la vie«[7]. Brillat-Savarin entwickelt, wie Roland Barthes in seinem Essay »Lecture de Brillat-

Savarin« betont, einen dynamischen, zeitlichen Begriff von »goût«, er analysiert »l'échelonnement du goût«: »le goût est ce sens même qui connaît et pratique des appréhensions multiples et successives: des entrées, des retours, des chevauchements, tout un contrepoint de la sensation: à *l'étagement* de la vue [...] correspond *l'échelonnement* du goût. Tout le luxe du goût est dans cette échelle. Brillat-Savarin décompose ainsi *dans le temps* [...] la sensation gustative. [...] temporalisé le goût connaît des surprises et des subtilités; ce sont les parfums et les fragrances, constitués à l'avance, si l'on peut dire, comme des souvenirs: rien n'eût empêché la madeleine de Proust d'être analysée par Brillat-Savarin«.[8]

Brillat-Savarins berühmter, 1826 in der Zeit der Restauration erschienener Text gilt als ein grundlegendes Werk, geradezu als Gattungsmodell der Bücher über Kochkünste, aber überschreitet bei weitem dieses Genre. Es gehört mit seinen Aphorismen, »méditations«, Erzählungen, den medizinischen, psychologischen und amoureusen Diskursen zur französischen Moralistik, die seit Montaigne, La Rochefoucauld, La Bruyère immer schon die Verhaltensweisen des Menschen, der Gesellschaft, ihre Konversation und Geselligkeit beobachtet und reflektiert haben – meist ironisch und skeptisch, essayistisch, offen und neugierig, möglichst ohne moralische Vorurteile. Auch Prousts Essay-Roman ist, wie wir wissen, mit dieser Tradition verbunden. Brillat-Savarins Werk hat deshalb vor allem bei den Literaten höchste Anerkennung gefunden, von Balzac, E. T. A Hoffmann, Alexandre Dumas, Huysmans bis hin zu dem schon zitierten Roland Barthes. Proust erwähnt Brillat-Savarin, aber ohne weiteren Kommentar. Doch man findet in der *Recherche*, wie auch Barthes und Erman andeuten, eine Theorie und Ästhetik der Sinne und Sinnlichkeit, genauer der Korrespondenz der Sinne und des Geschmacks, die ganz offensichtlich an Brillat-Savarin anknüpft. Brillat-Savarin beginnt in seinen nach dem Vorbild von La Rochefoucauld sogenannten »méditations« mit einer Theorie der Sinne als den Organen »par lesquels l'homme se met en rapport avec les objets extérieurs«[9], womit er, wie ich hier nur andeuten kann, an sensualistische Philosophien des 17. und 18. Jhs. von Locke bis Condillac (*Traité des sensations*) anknüpft und diese auf seine Weise weiterentwickelt, bis hin zur Grenze der Parodie und Ironisierung – auch wenn man nicht ganz so weit gehen will wie Jean-François Revel, der in seiner Einleitung zu Brillat-Savarin konstatiert: »C'est une parodie, et en particulier dans les parties en apparence sérieuses, par exemple dans la *Méditation I, Des Sens* une parodie de Condillac et des Idéologues.«[10] Auch schon Balzac spricht von der verdeckten Komik bei Brillat-Savarin: »le comique sous la bonhomie«[11].

Zu den Besonderheiten bei Brillat-Savarin gehört, daß er neben den fünf Sinnen: »vue«, »ouïe«, »odorat«, »goût«, »toucher« einen neuen Sinn entdeckt, denn er »*génésique, ou amour physique*« nennt: »qui entraîne les sexes l'un vers l'autre et dont le but est la reproduction de l'espèce«[12]. Es sei erstaunlich, daß ein so wichtiger Sinn fast bis zu Buffon verkannt und mit dem Tastsinn verwechselt werden konnte. Wenn der Geschmack, »goût«, dessen Zweck die Erhaltung des Menschen sei, ganz unbestritten als Sinn gilt, dann muß – so Brillat-Savarin – diese Bezeichnung erst recht dem Sinn zuerkannt werden, der zur Fortpflanzung bestimmt ist.[13] In der *Physiologie du goût* geht es daher um die Vervollkommnung der Sinne, um die Wechselbeziehungen der Sinne, und um den »moi sensitif«, um das Individuum als »être sensitif«, als sinnenbegabtes Wesen.[14] Der Geschmack erscheint zunächst als ein spezieller Sinn, aber er ist auch in dem Maße, in dem die körperliche Liebe in alle Domänen eingedrungen ist, zugleich ein umfassender Sinn, der die anderen Sinne einschließt: »le goût est celui de nos sens, qui nous met en relation avec les corps sapides«[15]. Darin liegt der Grund für den Zusammenhang von körperlichem und geistigem Genuß bei Brillat-Savarin, nicht nur im Sinne der metaphorischen Erweiterung, die z. B. (auch in der deutschen Sprache) vom literarischen oder künstlerischen Geschmack spricht, sondern ursprünglicher gedacht als Einheit der Sinne und Ursprung der Zivilisation. Brillat-Savarin schwankt dabei – in einer zeittypischen Weise – zwischen der nostalgischen Erinnerung an eine verlorene Harmonie der Sinne und Künste, die z. B. den antiken Kulturen eigen gewesen sei, und dem Glauben an den Fortschritt der Zivilisation, hier im Bewußtsein einer Dominanz der französischen Kultur und natürlich damit auch ihrer Eßkultur. Da Brillat-Savarin das Verhältnis von »goût« und »sensation« sehr differenziert beschreibt und dabei, wie angedeutet, die Subjektivität der Wahrnehmung, der Sinnlichkeit und des »goût« betont, also die zentrale Rolle des »moi sensitif«, sind Vergleiche mit Proust naheliegend – aber es fehlt z. B. ein für Proust wichtiger Aspekt, nämlich das Konzept der inneren Sinne, der Wechselbeziehung zwischen inneren und äußeren Sinnen, zwischen dem Imaginären, der Wahrnehmung und dem Begehren.

Um die Position von Brillat-Savarin und seinen Begriff von »goût« genauer zu bestimmen, müßte man auf die literarischen Vorbilder, wie La Rochefoucaulds *Des goûts* oder Montesquieu näher eingehen, die bereits – im Unterschied zu älteren, normativen Bestimmungen des Geschmacks – den »goût« als Organ der Lust- und Unlustempfindungen ansehen und dabei, wie z. B. Montesquieu, die gesellschaftlichen Vergnügungen wie Dichtung, Konversation, Musik, Tanz, Spiele (und auch Glücksspiele) in eine Reihe stellen.[16] Brillat-Savarin folgt im übrigen nicht der Opposition von »goût« und »génie«, die seit der französischen *Encyclopédie* (Diderot) bis hin zur Romantik eine Rolle spielt, aber auch nicht jener besonders in Deutschland wirksamen neuen Idealisierung des Geschmacks, der z. B. bei Kant als ein Grundbegriff der *Philosophie des Schönen* und der ästhetischen Urteilskraft hervorgehoben wird – wobei mit der Betonung des interessenlosen Wohlgefallens, der Differenz von sinnlicher und ästhetischer Lust, die sogenannten niederen Sinne erneut abgewertet werden. Eine solche Idealisierung und Sublimierung des Geschmacks, und damit auch der Sinnlichkeit und Erotik, ist bis heute wirksam. Man könnte dies z. B. daran zeigen, wie Platons *Symposion* in einer langen Tradition humanistischer Altphilologie vermittelt wird: hervorgehoben wird mit Vorliebe die Rede der Diotima, die den Eros von der Liebe zum schönen Körper lösen will und als Mysterium, als Stufe zur Entwicklung der »schönen Seele«, zur Unsterblichkeit und Wahrheit deutet. Weniger beachtet werden dagegen die so offensichtlichen dionysischen und auch komödiantisch-karnevalesken Elemente des Gastmahls, in dessen Verlauf schließlich die Homoerotik, die Trunkenheit durch Wein, die Promiskuität dominieren. So entsteht bei Platon eine erstaunliche, tolerante Polyphonie, die ganz verschiedene Ansichten über die Macht und Wirkung des Eros zur Sprache bringt und die Beurteilung der verschiedenen Theorien der Erotik dem Leser überläßt.

Brillat-Savarin ist in der Tradition der französischen Moralistik und im Blick auf die antiken Symposien ebenso offen, behutsam und skeptisch.[17] Er lobt bei den antiken Gastmählern die Korrespondenz der Sinne, die Verbindung von Poesie, Musik, Tanz, von kulinarischem Genießen und körperlicher Liebe, wenn auch nicht in der homoerotischen, sondern heterosexuellen Variante: »Les plus jolies femmes venaient encore embellir ces réunions voluptueuses«[18]. Aber er findet auch, daß eine unmittelbare Verbindung von Essen und Sexualität, wie die Bilder besonders der römischen Gastmähler mit ihren breiten Liegen an den Tischen zeigen, problematisch sein kann: »[...] on dépassait fréquemment les bornes de la tempérance, sur les lits où les deux sexes étaient mêlés«[19]. Entschieden abgelehnt wird von Brillat-Savarin aber das »régime austère« der christlichen Lehre, die die »gourmandise« als eine der »péchés capitaux« behandelt.

So weit meine Vorbemerkungen zu dem platonischen *Symposion*, zu Brillat-Savarin und den verschiedenen Interpretationen des Geschmacks. Es geht im folgenden darum, Prousts neue Konzeption der Korrespondenz der Sinne und Synästhesien vor diesem Hintergrund etwas näher zu beschreiben: Wir finden bei Proust einerseits die bereits angedeutete Suche nach einer neuen Ästhetik der Sinne, nach neuen Spielformen der Sinnlichkeit, der Verbindung von Erotik und kulinarischem Genießen, insbesondere die Aufhebung der Differenz von niederen und höheren Sinnen; auf der anderen Seite geht es aber um die Gründe für die Täuschungen, Enttäuschungen, Spannungen, die das Zusammenspiel der Sinne stören und irritieren.[20] Ich beziehe mich vor allem auf das Beispiel des Diners mit Norpois in *À l'ombre des jeunes filles en fleurs*, das Marcel, zumindest scheint es so, den Geschmack an der Literatur verdirbt. Eine Grundlage bilden einige sehr gute und wichtige Einzelstudien von Luzius Keller, Veronika Eckl, Michel Erman und besonders Ulrich Schulz-Buschhaus' Artikel »Françoise und die Poetik eines ›bon dîner‹«, der an das Erlanger Kolloquium der Proust-Gesellschaft von 1988 erinnert.[21] Proust-Leser wissen, daß es bei den vielen »dîners«, »matinées«, »soupers« und »goûters«, in der Vielfalt der gesellschaftlichen Ereignisse der *Recherche*, nicht eigentlich um das Kulinarische geht, um einzelne Speisen, um Essen und Trinken im engeren Sinne. So schön, und man möchte sagen, geschmackvoll und lesenswert z. B. das Buch von Anne Borrel, Jean-Bernard Naudin und Alain Senderens auch präsentiert und gestaltet ist: die Proustschen Rezepte als solche sind nicht so wichtig.[22] Es geht vielmehr, wie schon das erste Beispiel des »dîner« mit Norpois zeigt, um die Ästhetik des Geschmacks und um die Deutung des literarischen Geschmacks. Schon in dieser Szene wird, wie Luzius Keller betont, deutlich, daß es letztlich nicht um Kochkunst, sondern um Schreibkunst geht.[23] Die verschiedenen Diners der *Recherche*, so Veronika Eckl, »spiegeln jeweils verschiedene ästhetische Konzeptionen, verschiedene Etappen der Literatur- und Kunstgeschichte wider«[24], und dabei sind die Themenkomplexe Essen, Ästhetik, literarischer Geschmack und Konversation aufs engste verbunden. Mehr noch, das scheinbar Nebensächliche, die Frage, ob das »bœuf à la gelée« von Françoise oder ob der Nachtisch gelungen sei, wird im Grunde, was der Leser aber zunächst nicht ahnen kann, für die Konzeption der *Recherche* grundlegend sein. Ulrich Schulz-Buschhaus hat darauf hingewiesen, wie sehr die Vorbereitung und Präsentation von Françoises Meisterwerk, »le bœuf à la gelée«, der Tradition der »repas ridicule« folgt[25], dem Stil der Komödie, mit einer Theatralität, die alle gesellschaftlichen Ereignisse der *Recherche* durchzieht und ironisiert, wobei Pathos und das Lächerliche ganz nahe beieinander sind: »Le bœuf froid aux carottes fit son apparition, couché par le Michel-Ange de notre cuisine sur d'énormes cristaux de gelée, pareils à des blocs de quartz transparents« (PL I, S. 449).

Schon vorher war davon die Rede, daß in Anbetracht des wichtigen Gastes, des Diplomaten Norpois, Françoise »aurait à composer, selon les méthodes d'elle seule le bœuf à la gelée«, und wie sehr Françoise in der »effervescence de la création« befangen war, fast krank: »comme l'auteur du Tombeau de Médicis dans les carrières de Pietrasanta« (PL I, S. 437). Dieser Vergleich ist voller Ironie, aber auch hintergründig; er verweist nämlich, wie sich später erst herausstellt, auf eine vielfach variierte Leitfigur der *Recherche* selbst, die Reflexion des Erzählers über sein eigenes Projekt: »Et ma personne d'aujourd'hui n'est qu'une carrière abandonnée, qui croit que tout ce qu'elle contient est pareil et monotone, mais d'où chaque souvenir comme un sculpteur de génie tire des statues innombrables« (PL IV, S. 464). Aber die Ironie hat noch einen weiteren Aspekt: »Ce jour-là, si Françoise avait la brûlante certitude des grands créateurs, mon lot était la cruelle inquiétude du chercheur« (PL I, S. 437).

Marcel möchte Norpois' Urteil über seine ersten literarischen Versuche erfahren. Es geht in den Konversationen des »dîner« um den literarischen Geschmack, den von den Eltern anerkannten guten Geschmack von Norpois, der, so scheint es, die Literatur und Kunst und besonders Marcels eigene Versuche und Vorlieben (z. B. Bergotte) nur mir einer mitleidigen Attitüde betrachtet. Auch hier ist das ironische Gegensteuern des Erzählers auffällig.[26] Norpois' literarischer Geschmack wird nämlich, gerade im Vergleich mit Marcels Naivität, immer fragwürdiger, mit einer Ironie, die allerdings nur für den Erzähler und Leser, nicht aber für den enttäuschten Marcel spürbar ist: »mes goûts dont j'entendis parler pour la première fois comme s'il pouvait être raisonnable de les suivre, tandis que c'était un devoir de les contrarier« (PL I, S. 444). »[...] je compris que j'avais eu doublement raison de renoncer à elle [la littérature]. Jusqu'ici je m'étais seulement rendu compte que je n'avais pas le don d'écrire; maintenant, M. de Norpois m'en ôtait même le désir.« (PL I, S. 444). Marcel ist tief enttäuscht, aber der Begriff »désir« bezeichnet genau die Gegenposition, die in der *Recherche* die ästhetische Urteilskraft, den »goût« von Norpois in Frage stellt und schließlich doch das Schreibprojekt der *Recherche* begründet. Der literarische Geschmack entsteht nicht durch Traditionen, sondern durch Traditionsbrüche. Prousts Physiologie des Geschmacks, hier liegt auch ein Unterschied zu Brillat-Savarin, ist nicht objektivierbar, nicht durch Konventionen vorgegeben und auch nicht durch rationale und wissenschaftliche Kriterien oder Erfahrungen feststellbar. Prousts Ironie gilt jenen Literaten oder Kritikern, die, wie Norpois und z. B. auch Sainte-Beuve, ihrer ästhetischen Urteile über Literatur und Kunst allzu sicher sind. Norpois hat, wie die Gespräche während des Diners zeigen, keinen Sinn für das Imaginäre, für das Begehren (»le désir«), die Passion, die Marcels Fantasien und Erwartungen steuert. Er spricht über Literatur, über Bergotte, Balbec, Odette, Swann und Gilberte im Stil einer eher distanzierten, wenn auch eleganten Salonkonversation, ohne zu ahnen oder ahnen zu können, was Marcel in dieser Phase bewegt, z. B. die Faszination und Aura, »le trouble mystérieux«, die Figuren wie Odette und Gilberte damals für Marcel auslösen (PL I, S 471).

Die *Recherche* zeigt, wie das sinnliche Begehren, das Imaginäre, das oft nur durch die Namen ausgelöst wird (»l'âge des noms«), die Erwartungen, Wünsche, Ängste, den Geschmack bestimmen und die Sinne inizitieren. Aus diesem Grund ist das kulinarische und erotische Begehren gleichsam urverwandt, sind alle Speisen in der *Recherche* zugleich auch raffinierte Produkte, Kreationen, die aus dem Spiel der Sinne, Fantasien, Tagträume entstehen, wie die Madeleine, der »bœuf à la gelée« von Françoise bis hin zur Torte von Gilberte oder dem Sorbet von Albertine. Es sind künstliche Gebilde, metonymische Metaphern[27], unfaßbar fragil, leicht zerstörbar, Figuren und Wunschbilder eines Begehrens, das nie ganz erfüllt werden kann, synästhetische Gebilde, die die Grenzen der Sinne aufheben, überschreiten und daher am ehesten in den Erwartungen und Erinnerungen existieren können. Die Frage bleibt, wie Literatur und Kunst gleichwohl ihre Substanz, genauer ihre »substance transparente« bewahren kann.[28] Es handelt sich um imaginäre Gebilde, die als solche Korrespondenzen der Sinne andeuten, nicht um wirkliche Speisen, aber auch nicht nur um Metaphern des literarischen Werks, vielmehr um fragile Zwischenformen, Palimpseste, in denen »désirs« und »projets«, »impressions«, »sensations« und »souvenirs« verbunden sind und sich überlagern. Aus diesem Grund kann das »bœuf à la gelée«, wie wir wissen, am Ende mit dem Projekt des künftigen Werks verglichen werden: »[...] ne feraisje pas mon livre de la façon que Françoise faisait ce bœuf mode apprécié par Monsieur de Norpois et dont tant de morceaux de viande ajoutés et choisis enrichissent la gelée« (PL IV, S. 612).

1 Vgl. Platon, *Das Gastmahl*, Stuttgart 2003; Brillat-Savarin, *Physiologie du goût, présentation de Jean-François Revel*, Paris 1982 (zuerst ersch. Paris 1826), dt. Ausg.: *Physiologie des Geschmacks*, 1962.
2 Jean-Pierre Richard, *Proust et le monde sensible*, Paris 1974.
3 Michel Erman, »Philosophie du goût«, in: Volker Kapp (Hg.), *Marcel Proust: Geschmack und Neigung*, Tübingen 1989, S. 27-32, S. 31.
4 Vgl. ebd.
5 Ebd., S. 32.
6 Hans Ulrich Gumbrecht, »Wie sinnlich kann Geschmack (in der Literatur) sein?«, in: Kapp, *Geschmack und Neigung*, S. 107 bis 126, S. 113.
7 Brillat-Savarin, *Physiologie du goût*, S. 47.
8 Roland Barthes, »Lecture de Brillat-Savarin«, in: ders., *Œuvres complètes III 1974-1980*, Paris, S. 280-294, S. 280.
9 Brillat-Savarin, *Physiologie du goût*, S. 39.
10 Ebd., S. 8.
11 Honoré de Balzac, »Brillat-Savarin«, in: *Œuvres diverses 1824 bis 1830*, Paris 1935 (*Œuvres complètes* 38, Ed. Conard), S. 671-676, S. 673.
12 Brillat-Savarin, *Physiologie du goût*, S. 39.
13 Ebd., S. 40.
14 Ebd.
15 Ebd., S. 46.
16 Vgl. F. Schümmer, Artikel »Geschmack« in Joachim Ritter (Hg.), *Historisches Wörterbuch der Philosophie*, Darmstadt 1974-2004, Bd. III.
17 Zu weiteren antiken Symposien vgl. auch Elke Stein-Hölkeskamp, *Das römische Gastmahl*, München 2000.
18 Brillat-Savarin, *Physiologie du goût*, S. 258.
19 Ebd., S. 265.
20 Vgl. Friedrich Balke/Volker Roloff (Hg.), *Erotische Recherchen*.

Zur Dekodierung von Intimität bei Marcel Proust, München 2003; sowie die Artikel von Anne Simon »goût«, »désir«, »toucher«, »odorat«, in: Annick Bouillaget/Brian R. Rogers (Hg.), *Dictionnaire Marcel Proust*, Paris 2004.

21 Luzius Keller, *Proust lesen*, Frankfurt am Main 1991 (bes. 238-254: »Das Dîner mit dem Marquis von Norpois«); Ulrich Schulz-Buschhaus, »Françoise oder die Poetik eines ›bon dîner‹«, in: Kapp, *Geschmack und Neigung*, S. 143-160; Veronika Eckl, *Die Essensthematik in Literatur und Film des 20. Jahrhunderts. Mahlzeiten bei Marcel Proust, Louis Malle und Peter Greenaway*, Regensburg 2001.
22 Jean-Bernard Naudin/Anne Borrel/Alain Senderens, *Zu Gast bei Marcel Proust. Der große Romancier als Gourmet. Mit 70 Rezepten*, München 1992 (Originalausgabe: *Proust. La cuisine retrouvée*, Paris 1991).
23 Keller, *Proust lesen*, S. 242.
24 Eckl, *Mahlzeiten*, S. 24 ff.
25 Schulz-Buschhaus, Poetik eines ›bon dîner‹, S. 149.
26 Vgl. ebd., S. 151.
27 Zur Figur der ›metonymischen Metapher‹ vgl. mit Bezug auf G. Genette, Keller, *Proust lesen*, S. 248.
28 Zum Begriff der »substance transparente« vgl. Marcel Proust, *Contre Sainte-Beuve*, Paris 1978, S. 309.

Sophie Bertho
Die irdische Nahrung des Marcel Proust

Trotz der philosophischen Tragweite seines Werkes hat Proust nichts Abstraktes: Seine Betrachtungen nähren sich im Wesentlichen von Beobachtungen und Erfahrungen, die auf Sinneseindrücken basieren. Sein Werk ist ein in hohem Maße sensorielles, und die verbale Darstellung der fünf Sinne nimmt einen zentralen Platz in seinem gesamten literarischen Schaffen ein.

Proust hält sich jedoch nicht an die traditionelle Hierarchie, die man für gewöhnlich bei der Darstellung der Sinne beobachtet. Tatsächlich sind es im Allgemeinen das Sehen und das Hören, die als die beiden »noblen« Sinne betrachtet werden, wohingegen das Fühlen, das Schmecken und das Riechen als weniger bedeutende Sinne gelten. Die Präferenz des Gesichtssinnes erklärt sich sicherlich aus der Tatsache, daß er – wie zuweilen auch die Berührung – seit Aristoteles als der für die Liebenden wichtigste Sinneseindruck gilt. Was Proust angeht, so hat Harald Weinrich[1] gezeigt, daß der Autor der *Recherche* weit davon entfernt ist, dieser Hierarchie zu folgen, ja, sie sogar insofern ins Gegenteil verkehrt, als die grundlegenden Erfahrungen der sinnlichen Erinnerung den Erzähler auch und gerade über den Geschmack (die Madeleine) oder die Berührung (die unebenen Pflastersteine) erreichen.

Die Kunst und die Sinne

Es versteht sich von selbst, daß die fünf Sinne in der Malerei deutlich gegenwärtiger sind als in der Literatur. Die Malerei der Klassik zeigte großes Interesse an der Darstellung

Jan Brueghel der Ältere, Der Geschmackssinn, 1618

von Naturphänomenen: an der der vier Elemente (Feuer, Luft, Wasser, Erde), der vier Jahreszeiten (Winter, Frühling, Sommer, Herbst) und auch der fünf Sinne, der edlen wie der weniger erhabenen. In der Malerei erscheint alles durch den Blick; er ist mit dem Bild sozusagen doppelt gegenwärtig. So beinhaltet das aus dem Jahre 1617 stammende Gemälde von Brueghel und Rubens mit dem Titel *La Vue* eine große Anzahl von Gemälden – als selbstreferentielles Phänomen der »Bilder im Bild« –, deren (politische oder religiöse) Bedeutung den Zeitgenossen nicht entging. Man entdeckt hier ebenfalls das Paar Venus und Cupido, die ein Bild betrachten, auf dem das Wunder der Heilung eines Blinden durch Christus dargestellt ist.

In der Tat bezeugen Mythologie und christliche Legende die Bedeutung der Sinne für die Moral und die Religion. Die Biographen der Eremiten lehren uns, daß sie oft dem Hunger ausgesetzt sind und daß ihre Speisen äußerst frugal sind. Der heilige Ignatius von Loyola unternimmt es, uns die Leiden des von der methodischen »Anwendung auf die fünf Sinne« gekreuzigten Christus nachempfinden zu lassen. Und auch die

Rolle des Blickes, tödlich im Falle des Narziß, ist ebenso bekannt wie die der Berührung, die die Skepsis des Heiligen Thomas besiegt hat.

In derselben Themenreihe der beiden berühmten flämischen Maler, aus der das bereits erwähnte Gemälde mit dem Titel *La Vue* hervorgegangen ist, werden die anderen Sinne nur metonymisch sichtbar, dargestellt von ihren Attributen[2]: *L'Ouïe* zeigt Musikinstrumente, aber auch Pendel und Vogelkäfige, *L'Odorat* eine enorme Blumenvielfalt, *Le Toucher* führt neben zahlreichen metallenen Objekten allerdings auch Liebende vor Augen. Nur *Le Goût* stellt eine Mahlzeit dar, einhergehend übrigens, einmal mehr, mit einer moralischen Allegorisierung: der Verdammung der Völlerei (verkörpert von einer Frau!). Schließlich finden sich auf einem weiteren Bild der beiden flämischen Maler *Le Goût, l'ouïe, et le toucher* vereint: angesehene Persönlichkeiten speisen umgeben von Musikern. Und man erinnert sich hier an die grausame Anekdote des großen Komponisten Haydn, der in seiner Biographie erzählt, wie er gezwungen wurde, anläßlich der offiziellen Diners des Fürsten Esterhazy zu spielen.

In Wirklichkeit spricht die Nahrung alle Sinne an: Der Speisende betrachtet vorab, was ihm präsentiert wird, er beobachtet die Zusammenstellung der Farben, die Architektur der aufgetragenen Speisen, und der Duft der Nahrung erreicht seinen Geruchssinn; dann schmeckt er, und dies impliziert natürlich die Berührung, denn die Zunge und der Gaumen entdecken nicht nur das Süße und das Salzige, sondern auch die Wärme und die Kälte, die knusprige, harte oder weiche Konsistenz der Nahrung. Von den fünf Sinnen spielt lediglich das Gehör eine untergeordnete Rolle: doch der Proustsche Gast erfreut sich auch am Klingen der Gläser und am leichten Klirren des Löffels auf dem Teller.

Literatur und Nahrung

Dort, wo die Malerei zwangsläufig eine sensorische Welt andeutet und sich – noch spezifischer – damit beschäftigt, Nahrungsmittel darzustellen, kann die Literatur selbst gut und gerne darauf verzichten. Es fallen einem auf Anhieb Romane oder Gedichte ein, die ausschließlich von zwischenmenschlichen Beziehungen sprechen – unter Ausschluß all dessen, was auf die Sinne verweist – und die nicht eine einzige Beschreibung von Mahlzeiten oder Gerichten beinhalten. Eine solche »Abstraktion« kennzeichnet beispielsweise eine Untergattung speziell des französischen Romans, nämlich die des psychologischen Romans. Von Madame de La Fayette bis hin zu Christine Angot heute findet sich die Rolle der Sinne, insbesondere die der weniger »noblen«, erheblich reduziert.

Die Bedeutung des Geschmacks, der Küche, der Speisen und Mahlzeiten ist im Proustschen Roman in der Tat offenkundig – eine bemerkenswerte Ausnahme in der Literatur.[3] Man muß jedoch sogleich hinzufügen, daß Proust kein realistischer Autor ist, d. h. ein Schriftsteller, für den die äußere Wirklichkeit weit mehr zählt als die inneren Gesetzmäßigkeiten des Werkes. Der Realist schreibt Szenen und Passagen, die mit der äußeren Welt deutlich mehr übereinstimmen als mit der verbalen Architektur, die im Entstehen begriffen ist; in gewisser Weise autonome Passagen, die leicht vom Kontext losgelöst werden können. Proust hat niemals so geschrieben. Wie ich an anderer Stelle im Zusammenhang mit der Malerei bei Proust zeigen konnte[4], beschreibt der Autor der *Recherche* ein Gemälde in all seinen Einzelheiten niemals um seiner selbst willen, so wie es ein Kritiker oder ein Kunstkenner tun würde. Trotz der Vielzahl von Anspielungen auf die Malerei in seinem Roman – man denke nur an Botticelli, an Giotto, an Vermeer und so viele andere – bietet uns Proust in seinem Roman niemals wirkliche Ekphraseis, jene Beschreibungen, für die der

Autor seine Erzählung unterbricht, damit ein Gemälde zur Kenntnis oder zur Bewunderung des Lesers gereicht. Gleiches gilt, wenn Proust von Nahrung spricht. Die Beschreibung von Rezepten und Gerichten ist fast immer zwangsläufig der erzählerischen Entwicklung und der Poetik seines Werks unterworfen.

Das, was Nahrung, Rezepte, Restaurants und Tafeln betrifft, an denen gespeist wird, nimmt somit bei Proust verschiedene Funktionen ein. Insbesondere findet sich die Nahrung in Beziehung gesetzt zu Reflexionen, sei es über die Figuren, sei es über die Künste. Somit unterscheide ich zwei zentrale Funktionen, von denen ich die eine *psychologisch*, die andere *ästhetisch* nennen möchte.

Die psychologische Funktion der Nahrung besteht darin, diese oder jene Figur ausgehend von ihrem Verhältnis zur Küche zu charakterisieren. In einem Fragment des *Jean Santeuil*, dem unvollendeten Roman, empfindet Jean am Ende einer reichhaltigen Mahlzeit ein Gefühl des Wohlbefindens, »une sorte de temps d'arrêt, plein de douceur, de l'intelligence et de l'énergie, où rester sans rien faire nous donne le sentiment de plénitude de la vie«.[5] Die außer Kraft gesetzte Zeit ist ein Augenblick der Erfüllung, im Gegensatz zu der beängstigenden Wechselhaftigkeit, die in der *Recherche* ja so oft mit der Liebe assoziiert sein wird.

In der *Recherche* ist die Nahrung jedoch nur selten Vorwand für eine isolierte Betrachtung. Wir erinnern uns an die unzähligen kleinen Mahlzeiten, Diners, Soupers des Erzählers in Begleitung von Freunden, von jungen Mädchen. Das Restaurant, wie beispielsweise das von Rivebelle, wird so zu einem außergewöhnlichen, magischen Ort, zu einem Ausgangspunkt für Beobachtungen über die Gesellschaft, der man dort begegnet, und ebenfalls für Gedanken über die Musik, die dort gespielt wird.

Eine längere Passage aus *À l'ombre des jeunes filles en fleurs*

(PL II, S. 167-171) erlaubt es, die Mischung aus diesen unterschiedlichen Elementen und ihre Beziehung zum Erzähler zu untersuchen. Das Betreten des Restaurants von Rivebelle mit Saint-Loup verwandelt sich unter der Wirkung der Zigeunermusik in einen triumphalen Marsch: »sentant l'ardeur joyeuse imprimée à notre corps par les rythmes de l'orchestre qui nous décernait ses honneurs militaires et ce triomphe immérité, nous la dissimulions sous une mine grave et glacée, sous une démarche pleine de lassitude, pour ne pas imiter ces gommeuses de café-concert qui, venant chanter sur un air belliqueux un couplet grivois, entrent en courant sur la scène avec la contenance martiale d'un général vainqueur«. Und Marcel schließt: »À partir de ce moment-là, j'étais un homme nouveau« (PL II, S. 167).

Unter dem Einfluß der Speisen und Getränke verschmilzt die Musik mit der Erotik und löst die gleiche Faszination aus wie die unbekannten Frauen. Jedes Motiv dieser Musik, »arrangements de valse, d'opérettes allemandes, de chansons de cafés-concerts, toutes nouvelles pour moi [...] venait à moi d'une allure capricieuse ou canaille, m'accostait, me caressait, comme si j'étais devenu tout d'un coup plus séduisant, plus puissant ou plus riche; je leur trouvais bien, à ces airs, quelque chose de cruel; c'est que tout sentiment désintéressé de la beauté, tout reflet de l'intelligence leur était inconnu; pour eux le plaisir physique existe seul« (PL II, S. 169).

Auffallend ist, daß sich diese vulgäre und einfache Musik unter dem allgemeinen Zeichen der Grausamkeit unverzüglich mit dem Bild der Frauen und insbesondere dem der Halbweltdamen verbindet, von denen sich einige im Raum befinden und die den jungen Mann faszinieren: Alle beide setzen zum Angriff an und ziehen ihn in ihren Bann. Eine Metapher, die Zigeunermusik und leichte Frauen verbindet, ist im Entstehen begriffen.

Dieselbe Passage enthält auch Beobachtungen über die Bediensteten und über die Speisenden; sie sind sehr unterschiedlicher Art. Dort, wo das Porträt der Gäste ironische Seitenhiebe in der Art Saint-Simons in Richtung bürgerlicher Gesellschaft gestattet, erlaubt die Betrachtung der Kellner die Errichtung einer weiteren Metapher.

Einer der Bediensteten, »très grand, emplumé de superbes cheveux noirs, la figure fardée d'un teint qui rappelait davantage certaines espèces d'oiseaux rares que l'espèce humaine [...] faisait penser, lit-on, à quelqu'un de ces ›aras‹ qui remplissent les grandes volières des jardins zoologiques de leur ardent coloris et de leur incompréhensible agitation« (PL II, S. 167). Hier ist die Metapher eine doppelte: Das Restaurant ist eine Voliere und der Kellner ein bunter Vogel. Das Bild des Vogels, Figur der Inversion, ist – wir erinnern uns – bei Proust immer in höchstem Maße erotisch konnotiert, egal, ob es sich um den »serveur emplumé« oder den Freund von Saint-Loup handelt, »cet homme-oiseau [...] espèce si rare, si précieuse qu'on aurait voulu la posséder pour une collection ornithologique« und worüber »on se demandait si c'était dans le faubourg Saint-Germain qu'on se trouvait ou au Jardin des Plantes et si on regardait un grand seigneur traverser un salon ou se promener dans sa cage un oiseau« (PL IV, S. 281).

Hier nun aber die Gäste. Die Tische sind allesamt Sterne, die der Erzähler mit ironischer Geringschätzung betrachtet: »Une force d'attraction irrésistible s'exerçait entre ces astres divers et à chaque table on n'avait d'yeux que pour les tables où ils n'étaient pas, exception faite pour quelque riche amphitryon, lequel ayant réussi à amener un écrivain célèbre, s'évertuait à tirer de lui grâce aux vertus de la table tournante, des propos insignifiants dont les dames s'émerveillaient« (PL II, S. 168). Am Ende des Diners schwindet die anziehende Kraft, die die Geladenen kreisen läßt »autour de leur amphitryon d'un soir« (PL II, S. 171), und wenn man den Raum verläßt, um seinen Kaffee zu nehmen, wendet man sich weiteren Personen zu »pour marquer, en les saluant, sa propre importance«. Ein schönes Beispiel für die Art von Snobismus, die von Proust selbst in seinen Jugendjahren intensiv gepflegt wurde und die der Autor der *Recherche* später transzendiert hat.

Die Nahrung bietet Proust ebenfalls die Gelegenheit, nicht nur die Gesellschaft im allgemeinen, sondern einige Hauptfiguren der *Recherche* im besonderen zu charakterisieren. So spielt die Küche eine Rolle in der Präsentation von Monsieur de Norpois und natürlich eine noch größere in der von Françoise. Als der Vater des Erzählers ankündigt, daß Monsieur de Norpois zum Abendessen kommen wird, lebt Françoise auf, angeregt »par l'annonce d'un convive nouveau, et sachant qu'elle aurait à composer, selon des méthodes sues d'elle-seule, du bœuf à la gelée, [...] dans l'effervescence de la création« (PL I, S. 437). Und die Reaktion entspricht der, die sie erwartete: »Voilà ce qu'on ne peut obtenir au cabaret, je dis dans les meilleurs: une daube de bœuf où la gelée ne sente pas la colle, et où le bœuf ait pris le parfum des carottes, c'est admirable!« und Monsieur de Norpois bezeichnet sie als »votre Vatel«. Françoise spricht von dem Botschafter »avec l'amabilité dûe à quelqu'un qui l'avait prise pour un chef: 'c'est un bon vieux comme moi« (PL I, S. 449).

Die Konversation des Diplomaten Norpois dreht sich um andere Themen als die Küche – vor allem nimmt er dem Erzähler den Wunsch zu schreiben ab –, seine Lobeshymnen auf den Rinderschmorbraten huldigen jedoch in erster Linie Françoises Genie. Wir kennen Françoise seit Beginn des Romans, ihre sprachlichen Eigenheiten, ihre Härte gegenüber dem ihr unterstellten Personal; der Erzähler hat im ersten Band ihre Charakterzüge mit großer Neugier beobachtet. Beim jungen Erzähler verwandelt sich die Neugierde des Kindes in Ironie, aber in ihrer Eigenschaft als Köchin genießt Françoise auch weiterhin enorme Wertschätzung: sie wird mit den großen Künstlern verglichen, das Kochen von Proust als eine Kunst bezeichnet und in denselben Rang gehoben wie die Malerei, die Bildhauerei oder die Literatur.

In der Beziehung zwischen dem Erzähler und den »jeunes filles en fleurs« wird die Nahrung mit psychologisch gewichtigeren Momenten in Zusammenhang gebracht. So trinkt er eine stattliche Anzahl Gläser Portwein, um seine Schüchternheit zu überwinden und den Mut zu fassen, jenem Mädchen aus Balbec eine Liebeserklärung zu machen: »au lieu de l'intervalle impossible à combler entre mon désir et l'action, l'effet de l'alcool traçait une ligne qui les conjoignait tous deux. Plus de place pour l'hésitation ou la crainte. Il semblait que la jeune fille allait voler jusqu'à moi« (PL III, S. 232-233).

Die Nahrung spielt bereits in der Beziehung des Erzählers zu Gilberte eine Rolle. Der Kuchen, den sie ihm zur nachmittäglichen Teestunde offeriert, schafft zwischen ihnen eine gewisse Intimität: »pour procéder à la destruction de la patisserie [...], Gilberte ne consultait pas seulement sa faim; elle s'informait encore de la mienne, tandis qu'elle extrayait pour moi du monument écroulé tout un pan verni et cloisonné de fruits écarlates, dans le goût oriental. Elle me demandait même l'heure à laquelle mes parents dînaient, comme si je l'avais encore sue, comme si le trouble qui dominait avait laissé persister la sensation de l'inappétence ou de la faim, la notion du dîner ou l'image de la famille, dans ma mémoire vide et mon estomac paralysé« (PL I, S. 497).

Man weiß von den weit komplexeren Beziehungen, die der Erzähler mit der rätselhaften Albertine unterhält: Beziehungen der Unterwerfung und der Dominanz, er ist Opfer und Peiniger zugleich. Eines Tages führt er Albertine in dasselbe Restaurant in Rivebelle zum Abendessen aus, in dem er seinerzeit mit Saint-Loup diniert hat. Der Kellner mit den schwarzen Haaren, der ihn einst so fasziniert hatte, ist zwischenzeitlich aufgestiegen; vom Hilfskellner zum leitenden Angestellten avanciert, ist er nun weniger behende: »on l'apercevait tantôt ici, tantôt là, comme des statues successives d'une jeune dieu courant. [...] Il fut un moment à côté de nous. Albertine répondit distraitement à ce que je lui disais. Elle le regardait avec des yeux agrandis. [...] Ils avaient l'air d'être dans un tête à tête mystérieux rendu muet par ma présence, et suite peut-être de rendez-vous anciens que je ne connaissais pas« (PL III, S. 404). Marcel beschließt, nie wieder in Rivebelle zu speisen, und nimmt Albertine das Versprechen ab, dieses Restaurant künftig zu meiden.

Diese Passage beginnt mit einer Beobachtung – die aufeinanderfolgenden Momente der Laufbewegungen des jungen Gottes –, die als Anspielung auf die berühmten Photos von Muybridge und somit als rein ästhetische Beobachtung begriffen werden können.[6] Nun ist der Erzähler aber nicht der einzige, der den gutaussehenden Kellner mit den schwarzen Haaren bemerkt hat, auch Albertine betrachtet ihn, und der Blick der beiden anderen verwandelt den Erzähler in einen außenstehenden Dritten; die Ästhetik verliert sich, und es bleibt das bedrohliche Gefühl einer Gefahr und das Leiden.

Kunst und Küche

Ich habe zuvor zwei Funktionen der Nahrung unterschieden, die *psychologische* und die *ästhetische*. Es muß hinzugefügt werden, daß Proust sie in den seltensten Fällen trennt, sie sind fast immer unabdingbar miteinander verwoben. Die Nahrung wird metaphorisch präsentiert und in Verbindung mit allen Formen der Kunst beschrieben: der Musik, der Photographie, der Skulptur, der Architektur, der Malerei und der Literatur.

So verbinden sich in der berühmten Szene in *La Prisonnière* die Rufe der Händler für ihn zu bestimmten Melodien. »Ah! le bigorneau, deux sous le bigorneau« erinnert ihn an *Boris*

Godounov von Moussorgsky, während »les escargots, ils sont frais, ils sont beaux« ihn an *Pelléas et Mélisande* von Debussy denken läßt (PL III, S. 624).

In den meisten von mir zitierten Passagen übernimmt die Nahrung beide Funktionen zugleich. Der Kuchen, von dem Gilberte Marcel ein Stück anbietet, ist nicht einfach ein Kuchen; er ist auch ein Stück orientalischer Architektur, der an die Mauern des Palastes von König Darius erinnert: Der Blick geht dem Geschmack voraus, die betrachtete Nahrung ist stets bei Proust zunächst ein ästhetisches Vergnügen; sie wird zum Katalysator des Imaginären, sie transportiert das Verlangen. Im Restaurant wird der Kellner mit den schwarzen Haaren, wir erinnern uns, mit einem Bild assoziiert, das Muybridge ins Gedächtnis ruft; aber dieses Bild verwandelt sich rasch in eine heidnische Statue, die man verehrt, der Erzähler sieht in dem Kellner »un jeune dieu«.

Gilberte und Albertine sind zwei junge Mädchen, geliebt vom Erzähler; es vermag also nicht zu erstaunen, daß die Erinnerung an sie nicht nur mit einem Kuchen, einer Mahlzeit verbunden ist, sondern auch mit ästhetischen Betrachtungen. Es überrascht sicherlich mehr, daß auch die Köchin mit der Kunst in Verbindung gebracht wird. Bevor Françoise das Abendessen für Monsieur de Norpois vorbereitet, geht sie in die Pariser Markthallen »se faire donner les plus beaux carrés de romsteck, de jarret de bœuf, de pied de veau, comme Michel-Ange passant huit mois dans les montagnes de Carrare à choisir les blocs de marbre les plus parfaits pour le monument de Jules II. Françoise dépensait dans ces allées et venues une telle ardeur que maman, voyant sa figure enflammée, craignait que notre veille servante ne tombât malade de surmenage, comme l'auteur du Tombeau des Médicis dans les carrières de Pietrasanta« (PL I, S. 437). Die Bemerkung ist sicherlich ironisch, aber Françoise wird den gesamten Roman hindurch als Künstlerin bezeichnet.

In den genannten Beispielen und in den meisten anderen, die man anführen könnte, scheint die Kunst die Aufgabe zu haben, das, was mit Küche in Beziehung steht, zu adeln. Es kommt sogar vor, daß die Kunst aufwertet, was es an weniger Schönem in der Nahrung gibt, weit davon entfernt, zu gefallen – wie die großartige Architektur eines Kuchens, wie die Reste einer Mahlzeit. Proust spricht darüber in einer früheren Abhandlung, einem Jugendwerk über Chardin und Rembrandt. Er inszeniert einen jungen Mann mit künstlerischem Geschmack, »l'imagination pleine de la gloire des musées, des cathédrales«, der am Ende einer Mahlzeit »avec une sensation proche de l'écœurement [...] un dernier couteau traîner sur la nappe à demi relevée qui pend jusqu'à terre, à côté d'un reste de côtelette saignante et fade« sieht, bis zu dem Moment, wo er das Gegenstück dieser Szene in der Malerei sieht und die außergewöhnliche Schönheit der Stilleben von Chardin entdeckt: »dans ces chambres où vous ne voyez rien que la banalité des autres, Chardin entre comme la lumière.«[7]

Die Nahrung assoziiert mit oder transzendiert von der Musik, der Photographie, der Skulptur, der Architektur, der Malerei – all dies sind eindeutige Beispiele für die ästhetische Funktion und die Nobilitierung durch die Kunst im Proustschen Roman. In all diesen Fällen ist es der Erzähler, der von außen beobachtet und der diese Verbindungen knüpft. Was passiert jedoch, wenn er diesen Posten des Beobachters verläßt, wenn er selbst als Künstler in Frage steht und die Entscheidung trifft, Schriftsteller zu werden? Die so didaktischen letzten Seiten von *Le Temps Retrouvé* explizieren in einer poetischen Kunst den Plan des Erzählers. Auf diesen Seiten wird Françoise an mehreren Stellen genannt. Zunächst als Schneiderin: »je bâtirais mon livre, je n'ose pas dire ambitieusement comme une cathédrale, mais tout simplement comme une robe« (PL IV, S. 610). Anschließend als Köchin, da sich zwei Seiten weiter eine neuerliche Anspielung auf das berühmte, in

À *l'ombre des jeunes filles en fleurs* beschriebene Abendessen findet, das Françoise für Norpois zubereitet.

Für Proust drängen sich diese Vergleiche auf. Sagt er uns nicht, daß in der Literatur, die weit davon entfernt ist, die Realität so widerzuspiegeln, wie sie ist, Dinge dargestellt werden sollen, die das Produkt einer ganz bestimmten Auswahl und einer ausgeklügelten Zusammensetzung mit dem Ziel einer *Transfiguration* sind?

»D'ailleurs, comme les individualités (humaines ou non) sont dans un livre faites d'impressions nombreuses [...] ne ferais-je pas mon livre de la façon que Françoise faisait ce bœuf mode, apprécié par M. de Norpois, et dont tant de morceaux de viande ajoutés et choisis enrichissaient la gelée?« (PL IV, S. 612). Die Küche avanciert hier zur Metapher für die literarische Schöpfung und Proust *ist* Chardin, d. h. derjenige, durch den unsere Augen geöffnet werden.

Übersetzung aus dem Französischen von
Kirsten von Hagen und Claudia Hoffmann.

1 Vgl. Harald Weinrich, *Lethe – Kunst und Kritik des Vergessens*, München 1997.
2 Vgl. den Katalog der Ausstellung im Prado Museum: *Los Cinco Sentidos y el Arte*, 1997, S. 134-153.
3 Meiner Kenntnis nach beinhaltet nur das Werk des bedeutenden ungarischen Schriftstellers und Zeitgenossen Prousts, Gyula Krúdy, noch mehr Anspielungen auf Kochrezepte; es setzt häufig Figuren in Szene, die an üppigen Mahlzeiten teilnehmen. Interessanterweise läßt sich in unseren Tagen eine große Begeisterung für die bevorzugte Küche großer Künstler und Schriftsteller feststellen: *La Cuisine et Renoir* und *La Cuisine et Cézanne* sind kürzlich in Frankreich erschienene Titel und der 400ste Jahrestag des Erscheinens von *Don Quichotte* im Jahre 2005 bot die Gelegenheit der Veröffentlichung zahlreicher Bücher über die Küche und die in Cervantes' Meisterwerk enthaltenen Rezepte.

4 Sophie Bertho, »Les Anciens et les modernes, la question de l'ekphrasis chez Goethe et chez Proust«, in: *Revue de Littérature Comparée*, 1/1998, S. 53-62; »Albertines Roman, Gemälde und Geheimnisse bei Proust«, in: Friedrich Balke und Volker Roloff (Hg.), *Erotische Recherchen. Zur Decodierung von Intimität bei Marcel Proust*, München 2003, S. 115-132.

5 Marcel Proust, *Jean Santeuil*, édition établie par Pierre Clarac, Paris 1971, S. 286.

6 Zu Muybridge bei Proust siehe Mieke Bal, *Images littéraires, ou comment lire visuellement Proust*, Toulouse 1997, S. 199-200.

7 Marcel Proust, *Contre Sainte-Beuve*, édition établie par Pierre Clarac, Paris 1971, S. 372-374.

Klaus Dürrschmid
Zur Sensorik von Madeleines und Tee

Für Eva und Felix

In Marcel Prousts Roman *Auf der Suche nach der verlorenen Zeit* löst bekanntlich ein in Tee getauchter muschelförmiger Sandkuchen im Romanhelden ein überaus großes Glücksgefühl sowie unwillkürliche Erinnerungen an seine Kindheit aus und setzt damit nicht nur einen langen Erkenntnisprozeß, sondern den Roman selbst in Gang. Der vorliegende Beitrag ist ein Versuch, diese literarische Beschreibung sensorischer Wahrnehmungen aus der Perspektive einer naturwissenschaftlichen Disziplin, nämlich der Lebensmittelsensorik, zu betrachten. Was ist Lebensmittelsensorik? Die Lebensmittelsensorik versucht, mit naturwissenschaftlicher Methodik Lebensmittel mit Hilfe aller menschlichen Sinneswahrnehmungen zu prüfen, zu bewerten und zu beschreiben. Lebensmittelsensoriker müssen sich also auch damit beschäftigen, wie Sinneswahrnehmungen zustande kommen. Die für ihre sensorischen Prüfmethoden benötigten Sinneswahrnehmungen entstehen durch ein Zusammenwirken von Gehirn, reizleitenden Nervenzellen und allen von adäquaten Reizen stimulierten Sinnen, von denen es übrigens weit mehr als nur die populärwissenschaftlich tradierten fünf Sinne gibt[1]. Man kann die Sensorik auch als ein Teilgebiet der Psychologie auffassen, also der Wissenschaft, die sich mit dem Erleben und dem Verhalten der Menschen befaßt. Die Lebensmittelsensorik fokussiert auf das sinnliche Erleben von Lebensmitteln und die Reaktionen auf sie, wobei oftmals die Grenzen zur psychologischen und semantischen Untersuchung, welche psychischen Wirkungen oder welche Bedeutungen Lebensmittel haben können, fließend sind.

Im Rahmen dieser kleinen Arbeit erscheint es unmöglich, auch nur einen Teil der vielen sensorikrelevanten Textstellen in Prousts Werk zu untersuchen, sie konzentriert sich daher ausschließlich auf die »Madeleine/Tee-Textstelle«[2] im ersten Teil des Romans mit dem Titel »Combray«. Diese Textstelle wurde aus drei Gründen gewählt. Erstens hat der »Madeleine/Tee-Komplex« bei Proust eine zentrale Bedeutung, zweitens ist diese Textstelle außerordentlich populär – etwas böse formuliert, könnte man meinen, sie gehörte zum Marcel-Proust-Kitsch –, und drittens erscheint sie als prototypisch für viele ähnliche Szenen in Prousts Werk. Ähnlich insofern, als in ihnen beschrieben wird, wie ein, isoliert betrachtet, eher unbedeutendes Erlebnis im Romanhelden Marcel ein Glücksgefühl großen Ausmaßes zu evozieren imstande ist, dessen Ursache zu ergründen der Aspekt ist, der den großen Bogen über den Roman Prousts spannt. Es handelt sich dabei immer um sehr sinnliche Erlebnisse wie z. B. die Musik von Vinteuil, das Stolpern über unebene Bodenplatten auf dem Weg zu den Guermantes, das Klingeln von Besteck auf Geschirr, den Anblick der Türme von Martinville oder von Bäumen in Balbec.

Die zwei Fragen, die nach einem Blick auf die Bedeutung von Madeleines und Tee hier bearbeitet werden, lauten demnach: Welche sensorischen Eigenschaften der »Madeleine/Tee-Mischung« lösen die *memoire involontaire* aus? Und welche sensorischen Gesetzmäßigkeiten beschreibt Proust in der »Madeleine/Tee-Szene«?

Zur Bedeutung von Madeleines und Tee

Die zentrale Bedeutung des »Madeleine-Motivs« kann hier nur in fragmentarischer Weise skizziert werden. Eine erschöpfende Darstellung erscheint kaum möglich, da es eine schillernde Vielzahl an Deutungsmöglichkeiten und persönlichen, psychologischen, historischen und kulturellen Bezügen für Madeleines und auch Tee gibt.[3] Manche der Deutungen erscheinen schlüssig, andere abwegig, jedenfalls zeigt dies, daß Proust mit der Verwendung der Madeleine eine geniale poetische Entscheidung getroffen hat, vor allem wenn man die angeblich erwogenen Alternativen wie etwa das Toastbrot[4] betrachtet.

Die Madeleine, dieser kleine muschelförmige Sandkuchen, steht nachgerade für Proust bzw. den Romanhelden selbst, wie schon in der Gleichheit der Initialen PM für Proust Marcel und »Petites Madeleines« angedeutet wird. Mit ihr und dem Tee beginnt die Transformation von Marcels Leben in die Erinnerung und die Kunst – einem oder vielmehr *dem* Thema des Romans. Dieses Wandlungsgeschehen weist durchaus auch Analogien zur christlichen Wandlungszeremonie, zur Transsubstantiation von Brot und Wein zu Fleisch und Blut von Jesus Christus auf, bei der die Gläubigen durch Aufnahme der beiden an der Offenbarung des Lebens nach dem Tod teilnehmen. Bei Proust erhält die tot geglaubte Welt der Kindheit ein Leben nach dem Tod durch eine erinnernde Vergegenwärtigung, die in der Lage ist, die lineare Erlebnisstruktur der Zeit zu zerstören.

Die Madeleine (Magdalena) kann aber auch für die Abkehr vom Laster (die verlorene Zeit des mondänen Salonlebens) und die Hinwendung zur Tugend (die wiedergefundene Zeit in der Kunst) stehen. Illiers, der Ort der Kindheit Prousts, lag am Pilgerweg nach Santiago de Compostela. Die Pilger auf diesem Weg benutzten die Form der Jakobsmuschel sozusagen als Logo für ihren Pilgerweg, für ihre Suche nach Erlösung. Marcel wird analog durch Madeleine und Tee von einer Denk- und Erinnerungsblockade erlöst, was ihn auf einen Pilgerweg der Erkenntnis und zu Einsichten über das außerzeitliche Wesen der Dinge führt.

Psychoanalytische Deutungen sehen in der sinnlichen Muschel ein Symbol für das Geschlechtsteil der Mutter – sie reicht ihm Madeleines und Tee in der untersuchten Textstelle. Der metaphorische Genuß des mütterlichen Geschlechtsteils verursacht bei Marcel eine tiefe psychische Bewegung und ermöglicht es ihm, sich endlich von seiner kindlichen Abhängigkeit sowie der erwähnten Denk- und Erinnerungsblockade zu befreien und schließlich schöpferisch tätig zu werden. Seinerzeit in Combray hingegen hat der kleine Marcel des Romans die in Tee getauchte Madeleine von seiner Tante Leonie erhalten, die die seltsame Angewohnheit hatte, ihr Zimmer wegen ihrer Krankheit nicht mehr zu verlassen. Ihr Verhalten kann durchaus als Präfiguration von Marcel Prousts klaustrophilem Leben in den Jahren vor seinem Tod aufgefaßt werden.

Der Tee erscheint von deutlich geringerer Bedeutung, er dient eher als nüchterner Träger der Madeleine-Vielfalt, eventuell als Verstärker der Bedeutung der Madeleine. Tee galt im 19. Jahrhundert als asketisches, ja geradezu genußfeindliches Getränk, das vornehmlich schwächlichen, kränkelnden Personen vorbehalten war und in die Nähe eines Medikaments rückte, zumal es auch durch die Zubereitungsweise an einen medizinischen Kräutertee erinnert.[5] Welcher Tee bei Marcel in Verbindung mit der Madeleine die sensorische Sensation auslöst, ist dem Text nicht eindeutig zu entnehmen. Tante Leonie hat Marcel früher schwarzen Tee oder Lindenblütentee serviert, und um einen der beiden handelt es sich wohl auch in der untersuchten Textstelle. Gerade aus diesem unsinnlichen und unbestimmten Getränk aber entspringen für Marcel in Verbindung mit den »dicklichen, ovalen Sandtörtchen«, den scheinbar unscheinbaren »Petites Madeleines«, außerordentliche Erfahrungen.

Welche sensorischen Eigenschaften der »Madeleine/Tee-Mischung« lösen die »mémoire involontaire« aus?

Betrachten wir zuerst den im Roman beschriebenen Vorgang der sensorischen Prüfung der »Madeleine/Tee-Mischung«. Die Situation, in der Marcel Madeleine und Tee zu sich nimmt, ist melancholisch entspannt. Marcel befindet sich offensichtlich in einem passiven Bewußtseinszustand, in dem er seine Aufmerksamkeit keineswegs auf die sensorischen Eigenschaften von Madeleine und Tee richtet oder eine aktive handlungsorientierte Wahrnehmung anstrebt. Die Madeleines werden zwar visuell wahrgenommen, ihr konkretes Aussehen in Form, Farbe, Textur etc. wird aber nicht beschrieben und hat auch keinerlei Wirkung auf Marcel: »Der Anblick jener Madeleine hatte mir nichts gesagt, bevor ich davon gekostet hatte [...].« (FA I, S. 70). Auch der zweite Fernsinn nach dem Sehen, das orthonasale Riechen, kommt nicht zur Anwendung. Marcel riecht nicht am Tee und auch nicht an der Madeleine. Sensoriker nennen das Beschnüffeln einer Probe »orthonasales Beriechen«, das ist das Prüfen des Geruchs einer Probe durch stoßweises Ein- und Ausatmen von Atemluft durch die Nasenlöcher. Durch dieses Schnüffeln kommt es zu einer stärkeren Verwirbelung der Atemluft zwischen den Conchen (Muscheln!) in der Nase und einer stärkeren Belegung der ungefähr zwischen den Augen lokalisierbaren Riechregion im Nasendach mit den Geruchsstoffen der Atemluft.

Marcel nimmt also gedankenverloren, mit einer gewissen nonchalanten Gelangweiltheit, aber auch Betrübtheit einen Löffel Tee mit einem aufgeweichten kleinen Stück Madeleine darin zu sich, und »in der Sekunde nun, da dieser mit den Gebäckkrümeln gemischte Schluck Tee meinen Gaumen berührte, zuckte ich zusammen und war wie gebannt durch etwas Ungewöhnliches, das sich in mir vollzog. Ein unerhörtes Glücksgefühl, das ganz für sich allein bestand und dessen

Grund mir unbekannt blieb, hatte mich durchströmt.« (FA I, S. 67). Im Mund erst entfaltet diese Mischung aus warmem Tee und weichem Gebäck ihre einzigartige Brisanz. Die Berührung mit dem Gaumen darf als Metapher für die Überschwemmung tausender Sinneszellen mit chemischen, mechanischen und Temperaturreizen gewertet werden. Über diese Mundhöhle, diese mit Sinneszellen verschiedenster Art voll besetzte Gebärmutter allen Geschmacks, nimmt Marcel viele auch sprachlich vermittelbare Eindrücke wahr, sie werden aber nicht thematisiert. Proust geht es in der »Madeleine-Szene« offenkundig nicht um eine analytische Beschreibung der sensorischen Wahrnehmungen, er gibt auffälligerweise keinerlei Hinweis darauf, wie die »Madeleine/Tee-Mischung« schmeckt. Sie könnte gewiß als süß oder je nach verwendetem Tee als adstringierend bezeichnet werden, oder die Aromen von Vanille, Nuß, Rum und Zitrone könnten das Butter-Geruchsgrundthema des Sandkuchens zart umspielen – fragen Sie einen Restaurantkritiker: nichts dergleichen bei Proust.

Gewiß entwickelt eine »Madeleine/Tee-Mischung« sich im Mund zu einer breiigen Masse. Und genau solche Breie werden typischerweise in regressiven und entspannenden Situationen bevorzugt. Sie erinnern an die wohlig weiche und breiige Nahrung, die wir als Babys und Kleinkinder in uns eingesaugt haben. Die Marktforschung gliedert die Konsumenten sogar je nach Art ihrer bevorzugten Lebensmittelaufnahmeweise in »Beißer« und »Schlapperer«[6]. Während die Beißer aggressive, aktive Weltaneigner sind, bevorzugen die Schlapperer das zahnlose Einsaugen von Nahrung, sie werden dadurch in eine frühkindliche Welt des passiven Genusses und der narzißtischen Selbstversunkenheit zurückgeführt. Dieses Bild des selbstversunkenen Genießers paßt intuitiv ganz gut in unsere Szene, aber es geht Marcel Proust trotzdem nicht um die Beurteilung des »Madeleine/Tee-Gemisches«. Man findet tatsächlich keinen konkreten Hinweis darauf, wie dem Helden das Gemisch schmeckt. Gewiß ist ein positives hedonistisches Erlebnis besser geeignet, das Glücksgefühl, das die Einnahme der Madeleine im Tee auslöst, hervorzurufen, als ein negatives hedonistisches Erlebnis, aber explizit angesprochen wird das nicht. Es wäre meines Erachtens auch nachgerade banal, wollte Proust seinen Lesern nur mitteilen, daß dem Romanhelden muschelförmige, in Tee getauchte Kuchen sehr gut schmecken.

Lebensmittelsensoriker sprechen in ihrem Fachbereich von einem »zentralen Dogma«[7]. Dieses »Dogma« beschreibt die strikte Unterteilung ihrer Prüfmethoden in objektiv-analytische Methoden mit wenigen, aber geschulten Prüfpersonen und subjektiv-hedonistisch-affektive Methoden mit vielen, aber ungeschulten Konsumenten. Proust aber wendet im Sinne der Sensorik, wie wir eben gesehen haben, weder eine analytische noch eine hedonistische Prüfmethode an. Für ihn ist das sensorische Erlebnis primär Ausgangspunkt für einen Prozeß der Erkenntnis. Die Suche nach den Ursachen für das ausgelöste Glücksgefühl geht über in die Suche nach dem Wesen der Dinge, der Welt und der Menschen. Bei Proust scheinen Lebensmittel in erster Linie Kommunikationsmittel zu sein: »Die Kuchen aber trugen Wissen in sich, die Törtchen waren mitteilsam.« (FA II, S. 688). Gilles Deleuze hat gezeigt[8], daß die Suche nach der verlorenen Zeit auch eine Metapher für die Suche nach der Bedeutung von Zeichen ist, das heißt nach dem Verstehen der Welt, des Menschen und der Kunst. Und tatsächlich lenkt Proust sofort von der sensorischen Funktion der Lebensmittel Madeleine und Tee weg – von den anderen materiellen Funktionen[9] ganz zu schweigen. Für ihn sind ihre Bedeutungs- und Zeichenfunktionen als Hilfsmittel der Erkenntnis allein ausschlaggebend, denn nach dem Empfinden des Glücksgefühls wendet sich Marcel forschend seinem Inneren zu. »Und mit einem Mal war die Erinnerung da. Der Geschmack war der jenes kleinen Stücks einer Madeleine, das mir am Sonntagmorgen in Combray (weil ich an diesem Tag vor dem Hochamt nicht aus dem Hause ging), sobald ich ihr in ihrem Zimmer guten Morgen sagte, meine Tante Leonie anbot, nachdem sie es in ihren schwarzen oder Lindenblütentee getaucht hatte.« (FA I, S. 70). Diese unwillkürliche Erinnerung hat eine ganz bestimmte Qualität, und zwar zeichnet sie eine ungewohnte Totalität und *Wahrheit* aus. Es ersteht kein mehr oder weniger gut rekonstruiertes Bild der Kindheit in Combray, sondern es erstrahlt in Marcel ihr vermeintlich wahres Wesen, ihre Essenz.

Welche sensorische Eigenschaften könnten all diese komplexen Geschehnisse ausgelöst haben? Welche sensorische Eigenschaften können Lebensmittel im allgemeinen haben?

Lebensmittel sind mehr oder weniger heiß, warm oder kalt, sie können hart, weich, zäh, elastisch, viskos, teigig, schmierig sein. Ihre Inhaltsstoffe haben chemische Eigenschaften, die zu Geschmacks- und Geruchseindrücken führen, sie können irritative Eigenschaften wie brennend oder stechend haben, oder auch Geräusche machen. Eine solche allgemeine Liste kann natürlich nie vollständig sein. Eine deskriptive sensorische Analyse von »Madeleine/Tee-Varianten« im Sensoriklabor ergibt immerhin reproduzierbare, spezifische Eigenschaftsprofile für jede Variante, sie zeigt aber auch, daß der zeitliche Verlauf der sensorischen Sensationen sehr wichtig ist. Nach Einnahme der »Madeleine/Tee-Mischung« stehen zuerst für kurze Zeit Geschmack und Geruch des Tees im Vordergrund, um rasch den sensorischen Eigenschaften der Madeleine den Platz zu überlassen. Diese meist hervorstechenden sensorischen Eigenschaften von Madeleines sind das Vanille-Aroma und die Süße, je nach Madeleine-Rezept können es auch Butter-, Zitronen-, Orangen- oder beispielsweise Mandel-Aromen sein. Die Textur wird vor allem durch den zeitlichen Prozeß ihres Zerfalls im Mund charakterisiert. Madeleines unterschieden sich deutlich hinsichtlich ihrer Zerfallsgeschwindigkeit und hinsichtlich der Grob- bzw. Feinheit der bei diesem Auflösungsprozeß entstehenden Partikel. In feine Teile zerfallende Proben werden häufig als »zerschmelzend« beschrieben.

Proust schreibt immer vom »Geschmack« der Madeleine. Nach heutiger Auffassung besteht Geschmack in den von spezialisierten Geschmackssinneszellen im Mund wahrnehmbaren gustatorischen Grundgeschmacksarten.[10] Bislang spricht man von fünf Grundgeschmacksarten: süß, sauer, salzig, bitter und umami, wobei es für süß, bitter, umami eine größere Anzahl an Varianten von Rezeptoren, also Andockstellen für Geschmacksmoleküle gibt, und dementsprechend eine Bandbreite unterschiedlicher Bitter-, Süß-, Umami-Empfindungen[11]. Für Capsaicin, einem Chili-Inhaltsstoff, der die Empfindung »scharf« auslöst, sind hitzeaktivierbare Rezeptoren im Drillingsnerv (Nervus trigeminus), dessen freie Nervenendigungen in Mund und Nase keinen unwesentlichen Beitrag zu Geruch und Geschmack liefern, gefunden worden.[12] Aber ist es tatsächlich *nur* dieser sensorische Eigenschaftskomplex, nämlich der Geschmack, der die fulgurative unwillkürliche Erinnerung bei Marcel auslöst? Im nicht fachspezifischen Sprachgebrauch versteht man unter Geschmack meist alle Eindrücke, die entstehen, wenn man ein Lebensmittel in den Mund nimmt, es mit der Zunge verteilt, mit den Zähnen zerbeißt, es einspeichelt und schluckt. Die Integration aller Sinneswahrnehmungen, die in der Mundhöhle entstehen, macht, in dieser Form gebraucht, den *Geschmack* eines Lebensmittels aus.

Was aber ist mit dem Geruch oder dem Aroma von Madeleine und Tee? Marcel kann den Geruch des warmen Gemisches im Mund wahrnehmen, auch wenn er nicht direkt daran riecht, und zwar durch »retronasales Riechen«. Bevor wir diesen Begriff klären, einige Worte zur Entstehung von Riechwahrnehmungen. Das Riechen besteht in einer chemischen Wahrnehmung von flüchtigen, also in der Gasphase vorliegenden, chemischen Stoffen mit bestimmten chemisch-physikalischen Eigenschaften. Es sind am Riechen zwei unterschiedliche sensorische Systeme beteiligt, das olfaktorische und das nasal-trigeminale System. Ein drittes System, das Vomeronasale Organ, das bei Tieren für die Wahrnehmung von Sexualduftstoffen zuständig ist, wird in seiner Relevanz für den Menschen nach wie vor kontrovers diskutiert. Die olfaktorischen Sensoren jedenfalls befinden sich in der »regio olfactoria« (Riechschleimhaut) im Nasendach auf einer Fläche von 2 bis 5 cm^2 (5 Cent Münze: 3 cm^2). Dorthin gelangende Geruchsstoffe docken an Rezeptormolekülen in den Sinneszellen an, und das dadurch ausgelöste elektrische Signal geht über kurze Nervenbahnen in die in unmittelbarer Nähe hinter dem Siebbein liegenden beiden Riechkolben (»bulbi olfactorii«), die wie zwei Wattestäbchen aus dem Zentrum des Gehirns hervorragen. Hier erfolgt eine Aufbereitung der Sinneszellinformationen, die dann auf kürzestem Weg in ein Bewertungszentrum in den tiefen Schichten unseres Gehirns geleitet werden, von denen sie erst in andere Gehirnbereiche unter anderem im Kortex aufsteigen, die für bewußte Wahrnehmungen zuständig sind. Für die Erforschung dieser Signalkette erhielten Richard Axel und Linda Buck 2004 den Nobelpreis für Medizin.

Bei der retronasalen Riechwahrnehmung nun gelangen die geruchsaktiven Substanzen nicht über die Atemluft durch die Nasenlöcher zur Riechschleimhaut, sondern sie steigen erst nach der Aufnahme der Nahrung in den Mund aus dem körperwarmen und zerteilten Lebensmittel über den Rachenraum in die Nasenhöhle auf und gelangen vor allem beim Ausatmen oder bei Anwendung bestimmter Verkostungstechniken (z. B. Weinbeißen) bis ins Nasendach zur Riechschleimhaut. Das Erwärmen der Madeleine im warmen Tee trägt maßgeblich dazu bei, daß vermehrt geruchsaktive Stoffe aus der Madeleine, die zudem durch den fortschreitenden Auflösungsprozeß eine immer größere Oberfläche aufweist, abdampfen können. Der warme Tee dient sozusagen als ein »Madeleine-Aroma-Verstärker«.

Das System des Drillingsnervs, das auch für Zahnschmerzen und tränende Augen beim Zwiebelschneiden zuständig ist, befindet sich mit seinen freien Nervenendigungen ebenfalls in den Schleimhäuten des gesamten Mund-, Rachen-, Nasenraums und wird primär durch Hitze und irritative Stoffe wie z. B. Rauch und Säuren, aber sekundär auch durch höhere Konzentrationen von olfaktorisch wirksamen Geruchsstoffen gereizt.

Proust war sich der Unschärfe des Begriffes *Geschmack* offenbar bewußt[13], und man wäre heute – wie damals in Combray – versucht, ihn durch den Begriff des Aromas zu ersetzen. Zweierlei spricht aber gegen diese Ersetzung. Erstens ist der Begriff Aroma erstaunlicherweise nicht einheitlich definiert. Er kann sowohl den gesamten Geruchseindruck über olfaktorische und trigeminale Rezeptoren – orthonasal und retronasal – beschreiben[14], als auch die Summe olfaktorischer und gustatorischer Eindrücke umreißen (summarischer Geruchs- und Geschmackseindruck).[15] Aroma kann aber auch für das Gemisch der flüchtigen Aromastoffe stehen, die einem Lebensmittel seinen unverwechselbaren Charakter verleihen. Vor allem aber spricht gegen die Verwendung des Begriffs Aroma, daß er in keiner Definition den texturalen oder kinästhetischen Aspekt eines Lebensmittels beinhaltet, der aber bei Produkten wie Sandkuchen oder Madeleines von großer Relevanz ist. Das Flavour eines Lebensmittels hingegen bezeichnet, relativ einheitlich definiert, die Summe aller oral und nasal wahrnehmbaren Merkmale, Geruch (olfaktorisch, trigeminal, ortho- und retronasal), Geschmack, Textur, Mundgefühl, Wärme etc. Nachdem Marcel nun aber sehr undifferenziert von der Gesamtheit des sinnlichen Eindrucks der »Madeleine/Tee-Mischung« angesprochen wird, kann man davon ausgehen, daß nicht ihr *Geschmack* allein – süß, sauer, bitter, salzig, umami –, und auch nicht alleine ihr Geruch oder ihre Textur, sondern die Wahrnehmung aller oral und nasal wahrnehmbaren Eigenschaften, des Flavours also, Auslöser des Glücksgefühls und der unwillkürlichen Erinnerung an die Kindheit in Combray ist.

Meist wird dem olfaktorischen Anteil des Flavours – aus Gründen, die bei der Darstellung der olfaktorischen Divergenz besprochen werden – ein gewichtigerer Einfluß auf Erinnerungen zugesprochen als allen anderen sensorischen Merkmalen. Gerade aber bei einem so komplexen Lebensmittel wie einem »Madeleine/Tee-Gemisch« erscheint die Gesamtheit aller oralen und nasalen sensorischen Eindrücke relevant zu sein. Stellen Sie sich vor, die Madeleine hätte zu viel Salz beinhaltet oder der Tee wäre so heiß gewesen, daß sich der Held den Mund verbrannt hätte – da hätten alle erinnerungswirksamen Aromastoffe noch so klar vorliegen können, es wäre keine gute Ausgangsbasis für ein großes Glücksgefühl gewesen. Daher können nur vollständige sensorische Eigenschaftsprofile als das Gerüst verstanden werden, an dem sich die Vergegenwärtigung einer vergangenen Situation zu einer vollständigen Erinnerung vollziehen kann. Mit ihrer Hilfe wird der oder die Erinnernde wieder zu der Person, die einst die Situation erlebte.[16] Sie rekonstruiert auf der Bühne ihrer Erinnerung eine »vollständige Präsenz, eine Rückerstattung aller durch die Zeit geraubten Teile und Glieder (re-membering) und erfährt einen Moment der Anamnesis, eine mystische Apokatastasis, einen Moment des Alles in Allem«.[17] Die in der Vorstellung rekonstruierten sensorischen Dimensionen sind vor allem in ihrer episodischen und autobiographischen Verknüpfung völlig individuell und einer deskriptiven sensorischen Analyse nicht zugänglich; für ihre Darstellung hat Marcel Proust daher Methoden der Kunst herangezogen.

Sensorische Gesetzmäßigkeiten in der »Madeleine/Tee-Szene«: Adaptation, Habituation und Wahrnehmung

Beim wiederholten Kosten am »Madeleine/Tee-Gemisch« stellt Marcel fest, daß mit jedem Mal die ausgelöste Empfindung schwächer wird: »Ich trinke einen zweiten Schluck und finde nichts darin als im ersten, dann einen dritten, der mir etwas weniger davon schenkt als der vorige. Ich muß aufhören, denn die geheime Kraft des Trankes scheint nachzulassen.« (FA I, S. 67). Bei wiederholter Reizung wird also die ausgelöste Empfindung nicht nur nicht stärker, sondern sie wird im Gegenteil sogar schwächer. Der Prozeß, den Proust hier beschreibt, wird in der Sensorik als Adaptation bezeichnet. Adaptation (auch: Adaption) ist die Empfindlichkeitsanpassung von Sinneszellen an eine Reizstärke. Bei gleichbleibender Reizstärke oder wiederholter Reizung wird die Stärke des von den Rezeptorzellen abgegebenen elektrischen Signals schwächer. Jeder kennt die Adaptation des Auges anläßlich einer Änderung der Helligkeitsverhältnisse, z. B. dem Heraustreten aus einem schattigen Wald ins helle Sonnenlicht. Eine Adaptation kann man auch bei jedem Frühstück erfahren, wenn ein eben noch optimal gesüßter Kaffee nach dem Genuß eines sehr süßen Marmeladenbrötchens plötzlich als zu wenig süß erscheint. Das ist eine Folge der Adaptation der Sinneszellen in der Zunge an die süße Marmelade. Während es beim Geschmack zu einer vollständigen Adaptation kommen kann, adaptieren viele Gerüche nur teilweise.

Eine ähnliche Erscheinung wie die Adaptation ist die Habituation. Auch sie wird von Proust des öfteren beschrieben und ihre verheerende Wirkung auf die Wahrnehmungsfähigkeit des Menschen beklagt. Die Habituation gewährleistet ähnlich wie die Adaptation die Änderung einer sensorischen Empfindung bei kontinuierlich einwirkender konstanter Reizintensität, allerdings setzt sie nicht bei den Rezeptoren an, sondern bei den zentralen Schaltstellen im Gehirn. Klassisches Beispiel für dieses Phänomen ist das *Überhören* des Tickens einer Uhr. Das Ohr empfängt die akustischen Reize nach wie vor, sendet sie auch an das Gehirn, dort aber wird diese Information aus dem Bewußtsein ausgeblendet. Es kann übrigens auch das Gegenteil einer Habituation auftreten, nämlich eine Sensibilisierung. Klassisches Beispiel dafür ist der tropfende Wasserhahn, den man nicht nur nicht überhört, sondern der einen zur Raserei bringen kann. In der Regel wird man aber in automatischer Form nur gegen unangenehme sensorische Eindrücke sensibilisiert.

Die Empfindungs- und Wahrnehmungsfähigkeit ist für Proust essentiell: »Was wir empfinden, ist das einzige, was für uns existiert [...].« (FA VI, S. 168). Während eine Empfindung die über die Sinnesorgane aufgenommene Information ohne Erkennungscharakter, aber mit Qualitäts- und Intensitätscharakteristik ist, ist eine Wahrnehmung die über die Sinnesorgane aufgenommene und in komplexer Weise interpretierte und bewußt gewordene Information. Wahrnehmungen kann man daher als Hypothesen unseres Gehirns über die Welt, und Täuschungen als falsifizierte Hypothesen bezeichnen. Grundsätzlich können unsere Wahrnehmungen nicht mit der Wirklichkeit der Dinge der Welt gleichgesetzt werden, vielmehr wird die äußere Welt unter Einhaltung bestimmter Abbildungsfunktionen in die Welt der Wahrnehmung übertragen. Dort läßt sie in uns eine Vorstellung von der Welt wie mit Hilfe von Kulissen und Theaterdekorationen entstehen.[18] Frank Meshberger deutet die Darstellung des Adam beseelenden Gottes im Deckenfresko der Sixtinischen Kapelle in verblüffender Weise als Gehirnschnitt (siehe Abbildung 1). Die Form des gebauschten Textilovals, das mit windungsreichen Figuren und dem beseelenden Gott gefüllt ist, entspricht tatsächlich bis in gewisse Details einem anatomischen Gehirnschnitt. Auch für Michelangelo

Buonarroti schon scheint demnach das menschliche Gehirn der eigentliche Schöpfer der Welt des Menschen gewesen zu sein.[19]

In diesem Sinne gibt es die Süße der Madeleines auch nur in einem wahrnehmenden Wesen. In der materiellen Wirklichkeit gibt es nur Moleküle mit einer bestimmten chemischen Konfiguration, die die Wahrnehmung *süß* in ihm hervorrufen. Das gleiche gilt für Farben, Gerüche und andere sensorische Wahrnehmungen. Außerhalb eines wahrnehmenden Wesens gibt es keine Farbe, kein Rot, kein Gelb, sondern nur elektromagnetische Strahlung unterschiedlicher Wellenlänge. Auch die Gerüche von Butter, Vanille oder Lindenblütentee sind Konstruktionen unseres wahrnehmenden Apparates. Im Gegensatz zu visuellen und akustischen Wahrnehmungen mangelt es bei Geschmack und Geruch jedoch an sogenannter Intersubjektivität. Während visuelle Wahrnehmung relativ überindividuell, einheitlich und begriffsnah erfolgt, entwickelt sich die Geruchs- und Geschmackswahrnehmung bei jedem Individuum unterschiedlich. Das gewährleistet, daß sich Menschen sehr gut an die aktuelle Ernährungssituation anpassen können (Stichwort: Allesfresser), bereitet aber große Probleme bei der Kommunikation über diese Wahrnehmungen.

Zentralnervöse Verstellung und olfaktorische Divergenz

Viele von Marcel Prousts Überlegungen zu Wahrnehmung und Erinnerung basieren durchaus auf medizinisch-wissenschaftlichen Vorstellungen. Der Vater Marcel Prousts, Adrien Proust, war bekannterweise ein angesehener Mediziner, er hatte Gehirnforschung betrieben und das Thema der Funktionsweise des Gedächtnisses und der Aphasie zum Thema seiner »thèse« gemacht. Mit seinem Sohn Robert sprach er häufig über die Erforschung des Erinnerungsvermögens sowie des Bewußtseins, und mit Sicherheit hörte Marcel gelegentlich zu und beteiligte sich wohl auch am Gespräch.[20] Eine Grundlage des Wahrnehmungsprozesses ist die Einflußnahmemöglichkeit des Zentralen Nervensystems auf verschiedene Abschnitte der Wahrnehmung durch die allgemeine Wachheit des Bewußtseins, durch Stimmungen, durch das Gedächtnis, durch Erwartungen und durch Aufmerksamkeitszuwendung oder -abwendung. Ein Aspekt dieser zentralnervösen Verstellung, die Proust in der »Madeleine-Szene« beschreibt, ist die olfaktorische Divergenz. Sie bezeichnet den Umstand, daß olfaktorische Reize in äußerst komplexer Weise in verschiedenen Gehirnbereichen verarbeitet werden, wobei das phylogenetisch alte, limbische System, das für die gefühlsmäßige Einfärbung von Wahrnehmungen zuständig ist, stark involviert ist. Die Bedeutung von Gerüchen ist daher im allgemeinen hedonistisch-appellativ und nicht kognitiv, d. h., Gerüche geben den Impuls, weiterzumachen oder aufzuhören, sie sagen »Das ist gut« oder »Das ist schlecht«, müssen aber nicht bewußtgemacht und detailliert benannt werden. Gerüche haben in erster Linie eine Signalfunktion und sind schwer zu verbalisieren oder vorzustellen. Die neuronale Ursache hierfür liegt in Verknüpfungen der einlangenden Sinnesreize zu den evolutionär alten, nicht direkt mit Sprachzentren verbundenen Gehirnteilen sowie zu der rechten Gehirnhälfte, die alle für eine starke emotionale Einfärbung der Sinneseindrücke sorgen. Allerdings sind Gerüche mehrfach durch Erlebnisse, in denen sie wahrgenommen wurden, kodiert und können so Erinnerungen an diese Erlebnisse äußerst plastisch ins Gedächtnis zurückrufen. Man spricht in der Sensorik vom episodischen, präsemantischen, implizit evokativen Geruchsgedächtnis im Gegensatz zum semantischen Gedächtnis bei visuellen Wahrnehmungen. Beim Riechen gibt es vorsprachliche Erinnerungen, nicht aber beim Sehen. Diese Eigenschaften machen Geruchs- und Geschmackserlebnisse für Proust so interessant. Je begriffsferner und je weniger durch das Bewußtsein steuerbar, desto näher an der Wahrheit erscheinen sie Proust. Jeder Akt der Wahrnehmung ist in gewissem Maße ein Akt der poetischen Schöpfung, und jede Gedächtnisleistung ist in gewissem Sinne eine Leistung der Phantasie. Auch die neuere Hirnforschung zeigt, daß das biologische Gedächtnis kreativ und keineswegs streng replikativ arbeitet.[21] Drängt sich eine Erinnerung, ausgelöst durch ein sensorisches Erlebnis, wie das Verkosten einer Madeleine, aus dem Unbewußten aufsteigend unwillkürlich auf, so ist ihre Authentizität für Proust gewährleistet. Das Episodische des Geruchsgedächtnisses führt dazu, daß die Erinnerung sehr plastisch erfolgt und das Erinnerte in seiner Totalität erfahren werden kann. Combray wird für Proust so erlebt, wie es in seiner historischen Gegenwart nie war, sondern in seiner Essenz, seiner platonischen Idealität. Vor allem Gerüche, die häufig intensiv mit anderen Gedächtnisinhalten wie Erlebtem, Gefühltem und anderen sensorischen Wahrnehmungen verknüpft sind, sind in der Lage, ein gesamtheitliches Modell einer vergangenen Gegenwart zu evozieren.[22]

Die Suche nach den eigentlichen Ursachen für das große Glücksgefühl, die sensorische Sensationen und dadurch vermittelte unwillkürliche Erinnerungen auslösen können, führt Marcel zu der Erkenntnis, daß die Person der Vergangenheit und die gegenwärtige Person eins sind, und dadurch werden die Gegenwart der Vergangenheit und die jetzige Gegenwart verschmolzen, so daß es im Moment der sensorischen Wahrnehmung und der unwillkürlichen Erinnerung zu einer subjektiv empfundenen Aufhebung der Zeit kommt. Die Chronologie der Zeit und damit die Vergänglichkeit werden aufgehoben.[23] Die Zeit sowie die Abstumpfung durch Gewohnheit[24] in der Zeit sind für Marcel Proust der größte Hemmfaktor einer ungetrübten Wahrnehmung der Essenz der Welt. Jede unwillkürliche Erinnerung ist eine kleine Wiederauferstehung nicht nur des einst Erlebten, sondern auch eines damaligen Ich, die Wiedergeburt einer vergangenen Persönlichkeit innerhalb des Erinnernden.

1 Bruce Durie, »Doors of perception«, in: *New Scientist* – Senses Special 2005.
2 FA I, S. 66 ff.
3 »Von einem gewissen Alter an sind unsere Erinnerungen derart miteinander verwoben, daß die Sache, die man im Sinn hat, oder das Buch, das man liest, ganz dahinter verschwindet. Überall hat man etwas von sich ausgestreut, alles ist ergiebig, alles birgt Gefahren in sich, und ebenso kostbare Entdeckungen wie in Pascals *Pensées* kann man in einer Seifenreklame machen.« (FA VI, S. 190.)
4 Ulrike Sprenger, *Proust ABC*, Leipzig 1997, S. 144.
5 Karin Becker, »Der Gourmand, der Bourgeois und der Romancier. Die französische Eßkultur in Literatur und Gesellschaft des bürgerlichen Zeitalters«, in: *Analecta Romantica*, Heft 60, Frankfurt am Main 2000, S. 476.
6 Helene Karmasin, *Die geheime Botschaft unserer Speisen. Was Essen über uns aussagt*, München 1999.
7 Harry T. Lawless/Hildegarde Heymann, *Sensory Evaluation of Food. Principles and Practices*, New York 1998.
8 Gilles Deleuze, *Proust und die Zeichen*, Berlin 1993.
9 Primär: Nährfunktion, sekundär: sensorische Funktion, tertiär: präventivmedizinische Funktion, immateriell: Bedeutungs- und Kommunikationsfunktion, Spaßfaktor, Convenience etc.
10 Michael Kleeberg übersetzt in gewagter Weise das französische Wort »goutelette« gar als »Papille« (wahrscheinlich entsprechend der Geschmackspapille, die in der Zungenschleimhaut eingelagert ist und in der die Geschmackssinneszellen als Geschmacksknospen orangenspaltenförmig angeordnet sind) und nicht wie Eva Rechel-Mertens und Luzius Keller als Tröpfchen, aufgefaßt als Kondensationskern oder Tröpfchen, in dem sich der Tau der Erinnerung niederschlägt. »Aber wenn von einer lang zurückliegenden Vergangenheit nichts mehr übrig ist, nach dem Tode der lebendigen We-

sen, nach der Zerstörung der Dinge, verweilen ganz alleine, viel fragiler, aber lebenskräftiger, immaterieller, ausdauernder, treuer, der Geruch und der Geschmack noch lange Zeit, wie Seelen, entsinnen sich, warten, hoffen, auf den Ruinen von allem übrigen, und tragen, ohne zu wanken, auf ihren kaum wahrnehmbaren Papillen den ungeheuren Bau der Erinnerung.« (Marcel Proust, *Combray*. Übersetzung von Michael Kleeberg)
»Doch wenn von einer weit zurückliegenden Vergangenheit nichts mehr existiert, nach dem Tod der Menschen und dem Untergang der Dinge, dann verharren als einzige, zarter, aber dauerhafter, substanzloser, beständiger und treuer der Geruch und der Geschmack, um sich wie Seelen noch lange zu erinnern, um zu warten, zu hoffen, um über den Trümmern alles übrigen auf ihrem beinahe unfaßbaren Tröpfchen, ohne nachzugeben, das unermeßliche Gebäude der Erinnerung zu tragen.« (Marcel Proust, *Unterwegs zu Swann*, Übersetzung von Eva Rechel-Mertens, Luzius Keller)

11 David V. Smith/Robert F. Margolskee, »Making Sense of Taste«, in: *Scientific American*, March 2001, Vol. 284, S. 26-33.

12 E. Carstens (u.a.), »It hurts so good: oral irritation by spices and carbonated drinks and the underlying neural mechanisms«, in: *Food Quality and Preference* 13 (2002), S. 431-443. Michael J. Caterina (u.a.), »The capsaicin receptor: a heat activated ion channel in the pain pathway«, in: *Nature*, Vol. 389, 1997, S. 816-824.

13 »So dachte ich oft bis zum Morgen an die Zeiten von Combray zurück, an meine traurigen schlaflosen Abende, an viele Tage auch, deren Bild mir viel später erst durch den Geschmack – das ›Aroma‹ hätte man in Combray gesagt – einer Tasse Tee wiedergeschenkt worden war.« (FA I, S. 271).

14 Täufel/Ternes/Tunger/Zobel: *Lebensmittellexikon*, Hamburg 1998.

15 DIN 10950-1: 1999-04 Sensorische Prüfung. Teil 1: Begriffe.

16 »Es ist jedoch sehr gut möglich, daß sogar im Laufe der jahrtausendealten Menschheitsgeschichte die Philosophie der Zeitungsschreiber, nach der alles dem Vergessen anheim fällt, weniger wahr ist als die entgegengesetzte, die da behauptet, daß alles irgendwie erhalten bleibt.« (FA II, S. 74.).

17 Aleida Assmann, *Erinnerungsräume. Formen und Wandlungen des kulturellen Gedächtnisses*, München 2003, S. 163.

18 Vorträge von Gerhard Neumann »Theater der Sinne« und von Hannah Monyer »Wie repräsentiert sich die Welt im Gehirn« anläßlich des Symposions »Vom Sinn der Sinne beim Essen und Trinken«, 26. bis 28. Juni 2003 in Heidelberg. Sowie Gerald M. Edelmann/ Giulio Tononi, *Gehirn und Geist. Wie aus der Materie Bewußtsein entsteht*, München 2002, S. 35 ff.

19 Frank Lynn Meshberger, »An Interpretation of Michelangelo's Creation of Adam Based on Neuroanatomy«, in: *Journal of the American Medical Association* (1990) 264, S. 1837-1841.

20 Ronald Hayman, *Marcel Proust. Die Geschichte seines Lebens*, Frankfurt am Main 2000, S. 129 f.

21 Edelmann/Tononi, *Gehirn und Geist*, S. 139.

22 »Daher lebt der beste Teil unseres Gedächtnisses außerhalb von uns, in dem feuchten Hauch eines Regentages, dem Geruch eines ungelüfteten Raums oder dem Geruch eines eben entzündeten, aufflammenden Feuers, das heißt überall da, wo wir von uns aus selbst das wiederfinden, was unser Verstand als unverwendbar abgelehnt hatte, die letzte Reserve, die beste, die Vergangenheit, die, wenn alle unsere Tränen versiegt scheinen, uns noch immer neue entlocken wird.« (FA II, S. 310).

23 »Indem es die Vergangenheit, ohne sie zu verändern, in die Gegenwart einfügt, so wie sie war, als sie Gegenwart war, bringt nämlich das Gedächtnis jene große Dimension der Zeit, in der sich das Leben verwirklicht, gerade zum Verschwinden.« (FA VII, S. 503).

24 »Gewöhnlich leben wir mit einem auf das Minimum reduzierten Teil unseres Wesens, die meisten unserer Fähigkeiten wachen gar nicht auf, weil sie sich in dem Bewußtsein zur Ruhe begeben, daß die Gewohnheit schon weiß, was sie zu tun hat, und ihrer nicht bedarf.« (FA II, S. 329 f.).

Uta Felten
Savoir und Savourer: Augenlust und Gaumenlust bei Marcel Proust

Daß bei Marcel Proust Lust und Lektüre, »plaisir« und »texte«, »savoir« und »savourer«, geschmacklicher und geistiger Genuß, Gaumenlust und Schaulust eng miteinander verbunden sind, überrascht uns kaum. Gilt doch die *Recherche* als »texte de jouissance« *par excellence*, als ein Text, der ganz im Sinne von Roland Barthes und Walter Benjamin seine Leserinnen und Leser immerfort in kleine Schrecken und in einen lustvollen Taumel zu versetzen vermag.

Berühmte Proustleser wie Walter Benjamin – das haben die Studien von Ursula Link-Heer gezeigt[1] – wußten wohl um die lustgenerierende Wirkung der Proust-Lektüre und stellten sie in den Dienst einer köstlichen Verkettung von Leselust und Gaumenlust. Berichtet doch Benjamin in seinen Moskauer Tagebüchern von ausgiebigen Proust-Lektüren, die er mit dem ausgiebigen Verzehr eines Lübecker Haremskonfekts begleitet. Da heißt es an mehreren Stellen: »Ich lese auf meinem Zimmer Proust, fresse dazu Marzipan«[2] oder »Im Zimmer legte ich mich aufs Bett, las Proust und aß von den gezuckerten Nüssen.«[3]

Jenes schon von Thomas Mann so geschätzte Marzipan[4] ist vielleicht nicht nur die ideale Begleitung für die Proust-Lektüre, sondern führt uns auch zu zentralen Elementen des erotischen Diskurses bei Proust. Verweist das »geheimnisvolle«[5] Konfekt doch einerseits auf die Tradition der klösterlichen Fastenzeit, wo es ursprünglich als fleischlose Kost verzehrt wurde, und andererseits auf eine Kultur der Sinne orientalischer Provenienz, deren Reminiszenz Thomas Mann einst so betörte: »Marci-pan, das heißt ja offenbar, oder wenigstens nach meiner Theorie, panis Marci, Brot des Marcus, des heiligen Marcus [...] Und sieht man sich diese Süßigkeit genauer an, diese Mischung aus Rosenwasser und Zucker, so drängt sich die Vermutung auf, daß da der Orient im Spiel ist, daß man ein Haremskonfekt vor sich hat [...].«[6]

Durch seine Doppelcodierung durch religiöse und sinnliche Kulturen inkorporiert das berühmte Haremskonfekt genau jene beiden Spannungspole, die den erotischen Diskurs der *Recherche* bestimmen, nämlich die Freude an Heiligung und Entheiligung, von der besonders die kulinarisch-erotischen Szenerien bei Marcel Proust geprägt sind.

Denken wir nur an die Zungenspiele der Albertine, bei denen kirchliche Gebäude aus Erdbeer-Eis zertrümmert werden oder eine Gruppe von Gläubigen erschlagen wird, eine Szene, auf die wir später noch einmal zu sprechen kommen (PL III, S. 129-131).

Von der Gaumenlust zur Augenlust, von der Augenlust zu taktilen Lüsten ist es nicht weit. Schon in den »Sündenkatalogen« der Spätantike, den Keuschheits-Empfehlungen für Mönche, der so genannten *Instituta coenobiorum* des Johannes Cassianus, wird vor der Verkettung der sinnlichen Begierden, der gefährlichen Verbindung von der »concupiscentia occulorum« mit den Gula- und Fornicatio-Begierden gewarnt und den Mönchen die Bedeckung der Genitalien mit kalten Metallen empfohlen.[7]

Es handelt sich bei diesem vielzitierten Text der Spätantike um praktische Wegweiser für Ordensleute zur Erlangung eines geistigen Stadiums der Keuschheit und Selbstbeherrschung. Die *Pugna adversum spiritum fornicationis*, der »geistige Kampf um die Erlangung eines Stadiums der Keuschheit durch Beherrschung der Fornicatio-Begierden«, wird von Cassianus vor allem im sechsten Buch der *Instituta coenobiorum*, das den bezeichnenden Titel »De spiritu fornicationis« trägt, erläutert.[8]

Cassianus erstellt einen komplexen Sündenkatalog, der anzeigt, wie die verschiedenen Sünden miteinander verkettet sind und sich gegenseitig generieren. So erzeugt nach Cassianus zum Beispiel die Sünde der *gourmandise* unmittelbar die der sexuellen Lust: »Cassien souligne le fait que les vices ne sont pas indépendants les uns des autres [...]. Un vecteur causal les relie l'un avec l'autre: il commence avec la gourmandise, qui naît avec le corps et allume la fornication [...].«[9]

Ganz im Sinne jener Verkettung von Gaumenlust und erotischer Begierde kommt dem Cassis, der schwarzen Johannisbeere – wie Luzius Keller und Michel Sandras[10] zuletzt gezeigt haben – in der *Recherche* eine besondere Funktion zu.

Steht doch schon im ersten Band die schwarze Johannisbeere im Zeichen des autoerotischen Gestus der »masturbation«[11] und taucht sie bekanntlich in Form eines Getränks 3000 Seiten später im Männerbordell wieder auf.

Ganz im Sinne der bei Cassianus beschriebenen gefährlichen Verkettung der Sinne inkorporiert die schwarze Johannisbeere also die Begierden der Masturbation, der Gaumenlust und der Augenlust.

Das Proustsche Begehren schreibt sich nur allzu gerne in geschmackliche Materialitäten – zum Beispiel in Zitronen- und Erdbeereis, Cassis, Eau de Vichy, Kirsch- und Birnensäfte – ein.

Man denke noch einmal an Albertines zerstörerisches Zungenballett im Zitronen- und Erdbeereis, mit dem sie ihre sapphischen Begierden in einer Mischung aus Lust und Grausamkeit codiert und den Betrachter mit ihrer »one-woman-show«[12] provoziert: »De même, au pied de ma demi-glace jaunâtre au citron je vois très bien des postillons, des voyageurs [...] sur lesquels ma langue se charge de faire rouler des glaciales avalanches qui les engloutiront [...] de même, [...] je me charge avec mes lèvres de détruire pilier par pilier ces églises vénitiennes d'un porphyre qui est de la fraise et de faire tomber sur les fidèles ce que j'aurais épargné.« (PL III, S. 130).

»Ebenso kann ich mir«, so bemerkt Albertine, »am Fuße meiner halben Portion von gelblichem Zitronen-Eis sehr gut Postillione, Reisende und Postkutschen vorstellen, über die meine Zunge Eislawinen niedergehen läßt, von denen sie alle verschlungen werden. [...] Ich kann auch, setzte sie hinzu, mit meinen Lippen Pfeiler für Pfeiler die venezianischen Kirchen aus Porphyr zerstören, der eigentlich Erdbeer-Eis ist, und was ich übrig lasse, erschlägt dann die Gläubigen.« (FA V, S. 181).

Es ist auch die Proustsche Freude an der karnevalesken Funktionalisierung der kulinarischen Genüsse, die hier und an anderer Stelle manifest wird, die Lust, das Heilige mit dem Profan-Sinnlichen, das Hohe mit dem Niedrigen zu verbinden.

Dieses Vergnügen zeigt sich auch an so scheinbar harmlosen Getränken wie Fruchtsäften – vor allem Kirsch- und Birnensäften –, deren Genuß in der *Recherche* Jean Pierre Richard mit einer »innocence fraîche«[13], einer »frischen Unschuld« identifiziert, ganz im Gegensatz natürlich zur angeblichen »puissance [...] maléfique de l'alcool«[14], zur angeblich schädlichen Wirkung des Alkohols.

Ein genauer Blick auf die subtile Codierung des »jus de cérise«, jenes Saftes aus eingemachten Kirschen, den der Erzähler zur »gesellschaftlichen Kommunion« der Guermantes mitbringen darf, zeigt seine (homo-) erotischen Valenzen wie seine geheime Freude an der Profanation des heiligen Blutes Christi.

Wird doch das gesellschaftliche Treffen zum Abendessen bei den Guermantes, zu dem der Erzähler eben jenen Kirschsaft mitbringen darf, nicht zufällig mit zahlreichen Isotopien aus dem Begriffsfeld des Heiligen konnotiert: »Je ne devais plus cesser par la suite d'être continuellement invité, fût-ce avec quelques personnes seulement, à ces repas dont je m'étais autrefois figuré les convives comme les Apôtres de la Sainte-Chapelle. Ils se réunissaient là en effet, comme les premiers chrétiens, non pour partager seulement une nourriture matérielle, d'ailleurs exquise, mais dans une sorte de Cène sociale [...].« (PL II, S. 512).

»Von nun an wurde ich unaufhörlich, wenn auch manchmal nur in kleinem Kreis, zu diesen Mahlzeiten eingeladen, deren Gäste ich mir früher vorgestellt hatte wie die Apostel der Sainte-Chapelle. Sie kamen dort tatsächlich wie die ersten Christen zusammen, nicht nur um eine im übrigen ausgezeichnete stoffliche Nahrung zu sich zu nehmen, sondern zu einer Art [...] Abendmahl.« (FA III, S. 717-718).

Als karnevaleske Profanation des heiligen Mahls muß daher die Tatsache wirken, daß ein gewisser Fürst von Agrigent dem Erzähler regelmäßig seinen geliebten Kirschsaft wegtrinkt und daß der Erzähler von diesem mit dem Blute Christi assoziierten Saft scheinbar nicht genug bekommen kann: »Car ce jus de fruit n'est jamais en assez grande quantité pour qu'il désaltère. [...] et M. d'Agrigente m'empêchait, régulièrement, de m'en rassasier.« (PL II, S. 513).

»Denn dieser Fruchtsaft ist niemals in genügend großer Menge vorhanden, um den Durst zu stillen. [...] der Fürst von Agrigent aber hinderte mich regelmäßig, mich daran satt zu trinken.« (FA II, S. 719).

Auch als geheime homoerotische Botschaft wird die Synchronie in Geschmack liquider Genüsse beim Fürsten von Agrigent und beim Erzähler gerne gelesen. Michel Sandras bemerkt in diesem Zusammenhang: »Le Narrateur perçoit-il chez l'autre son propre désir, et pas seulement pour le jus de cerises cuites?«[15]

Man könnte in bezug auf diese und auf andere Szenen geradezu von einer Karnevalisierung der Eucharistie sprechen, bei der in präsurrealistischer Manier auch mit den Tabugrenzen der Leserinnen und Leser gespielt wird und manchmal auch deren geheime Lust am Abjekten ausgereizt wird.

Heiligung des Profan-Kulinarischen und Entheiligung des

Sakralen sind hierbei komplementäre Verfahren, die vielerorts – zum Beispiel schon in der Poulet-Szene in Françoises Küche – manifest werden.

Da wird das gerade in einem paraerotischen Kampf massakrierte Hähnchen zum köstlich knusprigen Corpus Christi, dessen brauner, fetttriefender Saft mit dem Blut Christi assoziiert wird und dessen goldgebackene Haut Reminiszenzen an die edlen Gewänder der Meßdiener heraufbeschwört: »Quand je fus en bas, elle était en train [...] de tuer un poulet qui, par sa résistance [...], mais accompagnée par Françoise hors d'elle, tandis qu'elle cherchait à lui fendre le cou sous l'oreille, des cris de ›sale bête! sale bête!‹, mettait la sainte douceur et l'onction de notre servante un peu moins en lumière qu'il n'eût fait, au dîner du lendemain, par sa peau brodée d'or comme une chasuble et son jus précieux égoutté d'un ciboire.« (PL I, S. 120-121).

»Als ich unten ankam, war sie [Françoise] gerade dabei [...] einem Hähnchen den Garaus zu machen, das in seiner [...] Gegenwehr, die von [...] Françoise, während sie ihm den Hals unterhalb der Ohröffnung zu durchschneiden versuchte, mit dem Ausruf ›Mistvieh, elendiges Mistvieh!‹ begleitet wurde, die Sanftmut [...] unserer Dienerin in einem weniger vorteilhaften Licht erscheinen ließ als am folgenden Tag, wo es in seiner nach Art eines Messgewandes mit Gold inkrustierten Haut und seinem köstlichen, wie aus einem Ciborium rinnenden Saft auf der Tafel figurierte.« (FA I, S. 179).

Karnevalisierungen und Profanationen der Eucharistie dieser Art, Szenen der Heiligung des Profanen und der Profanation des Heiligen finden sich zahlreich. Wird doch schon in der Kuß-Szene die Mutter zum Corpus Christi und der mütterliche Kuß zur Hostie, die man sich gerne einverleibt (FA I, S. 13). Daß es in den kulinarischen Szenen zu einer Verkettung der taktilen, der visuellen und der geschmacklichen Begierden kommt, versteht sich von selbst.

Die Codierung des Begehrens durch geschmackliche, visuelle und taktile Genüsse ist eine »Grundfigur«, die sich im erotischen Thesaurus bei Proust an vielen Stellen manifestiert.

Jene Proustsche Verschmelzung von Augenlust, Geschmackssinn und Tastlust steht nicht nur im Verweisungskontext mit der Verkettung der *vices*, wie sie in den spätantiken Sündenkatalogen beschrieben werden, sondern verweist auch auf die Freude am Spiel der Verkettung der Sinne in den *Confessions* bei Rousseau, bei der es nicht zufällig auch um den Genuß von Kirschen geht. So erlebt der Erzähler im vierten Buch von Rousseaus *Confessions* im locus amoenus eines Kirschgartens eine begehrliche Verkettung der Sinne – Schmecken, Sehen, Tasten. Auf einer Leiter stehend und Kirschen pflückend, blickt er von oben auf das Objekt seiner Begierde, Mlle Galley, und wirft ihr eine Kirsche ins Décolleté. Die Schaulust generiert die Tastlust, und der Erzähler wünscht, seine Lippen wären Kirschen: »Je me disois moi-même, que mes lèvres ne sont-elles des cerises! Comme je leur jetterois ainsi de bon cœur.«[16] – »Ich sagte mir, ›Ach, wenn meine Lippen doch Kirschen wären! Wie gerne würde ich sie ihr ebenso zuwerfen.‹« [U. F.]

Es gelingt dem Rousseauschen Erzähler, seine taktile Lust durch eine sublime Geste der Ersetzung zu befriedigen. Bei dieser Figur der Ersetzung handelt es sich um einen schlichten Handkuß, der für den Erzähler das größtmögliche Vergnügen darstellt. Proust und Rousseau illustrieren auf unterschiedliche Weise, daß die Figuren der Begierde immer auf einer Korrespondenz der Sinne basieren: Augenbegierde, Geschmackssinn und Tastlust verschmelzen in den Gesten der Lust.

Bei Proust genügt schon das Sprechen der Geliebten über ihre geheimen geschmacklichen und taktilen Genüsse, um den Zuhörer in Schrecken zu versetzen. Und so ist es am Ende nicht mehr der luxuriöse Genuß von Speiseeis aus dem Hotel Ritz, sondern das Erzählen von der Lust am scheinbar banalen Getränk des Mineralwassers im Garten der Freundin, das den Erzähler fast in den Wahnsinn treibt: »Mais tenez, même sans glaces, rien n'est excitant et ne donne soif comme les annonces des sources thermales. À Montjouvain, chez Mlle Vinteuil, il n'y avait pas de bon glacier dans le voisinage, mais nous faisions dans le jardin notre tour de France en buvant chaque jour une autre eau minérale gazeuse, comme l'eau de Vichy qui dès qu'on la verse, soulève des profondeurs du verre un nuage blanc qui vient s'assoupir et se dissiper si on ne boit pas assez vite. Mais parler de Montjouvain m'était trop pénible, je l'interrompais.« (PL II, S. 131).

»Aber wissen Sie, vom Eis einmal abgesehen, nichts ist derart erregend, nichts gibt einen solchen Durst wie die Anzeigen der Mineralquellen. In Montjouvain, bei Mademoiselle Vinteuil, gab es weit und breit kein gutes Speiseeis, aber im Garten durchwanderten wir ganz Frankreich, indem wir jeden Tag einen anderen Sprudel tranken, Eau de Vichy zum Beispiel, in dem nach dem Eingießen eine weiße Wolke entsteht, die sich gleich wieder legt und verfließt, wenn man nicht schnell genug trinkt. Doch es war mir zu qualvoll, von Montjouvain zu hören. Ich unterbrach sie.« (FA V, S. 181-182).

Wasser, Cassis und Kirschsaft werden nicht zufällig mit den homoerotischen und autoerotischen Diskursen der *Recherche* in Verbindung gebracht. Das »Eau de Vichy« chiffriert die geheimen sapphischen Begierden der Albertine: nicht nur durch seine topographische Verankerung in Montjouvain, jenem Ort der sapphischen Lüste und der Profanationen des Vaters, der »père-version«[17] im Sinne des Wortes, sondern auch durch seine Verbindung zum Mythos der Sappho, die sich – nach Baudelaires Arbeit am Mythos – aufgrund ihrer Beleidigung des sapphischen Kultes ins Wasser stürzt.

Das Cassis hingegen ist sowohl homoerotisch als auch autoerotisch konnotiert und steht im Zeichen der Proustschen Komplementarität von Auratisierung und Profanation, Heiligung und Entheiligung: Es dient als Rahmen des autoerotischen Dispositivs in der para-sakralen irisduftenden kleinen Kammer der Lust des jungen Marcel und als Rahmen des voyeuristischen Dispositivs im Männerbordell. Der »jus de cérise« verweist auf die homoerotische Begierde des Erzählers sowie auf seine geheime Freude an der Erotisierung des Heiligen.

Die kulinarischen Genüsse bei Proust – das hoffen wir mit unseren kleinen Fallstudien gezeigt zu haben – stehen selten im Dienst eines harmlosen Vergnügens, sondern werden gerne als Zeichenträger geheimer, zensierter Begierden homoerotischer und autoerotischer Provenienz funktionalisiert. Sie steuern gleichzeitig die Wißbegierde der Leserinnen und Leser, die in ihrer Suche nach dem »savoir« und dem »savourer«, den geheimen Vernetzungen von Cassis und »casser«, von Augenlust, Gaumenlust und erotischer Begierde nachspüren und dabei so manches Mal von kleinen Erschütterungen heimgesucht werden. Doch genau jene Erschütterungen sind es, die die *Recherche* als einen »texte de jouissance« im Sinne von Barthes auszeichnen: »Texte de jouissance: celui qui met en état de perte, celui qui [...] fait vaciller les assises historiques, culturelles, psychologiques du lecteur, la consistance de ses goût [...].«[18]

»Der sinnliche Text ist ein Text, der die historischen, kulturellen und psychologischen Verankerungen des Lesers ebenso wie die Beständigkeit seines Geschmacks willentlich erschüttert« [U. F.]

Nach der Proust-Lektüre schmeckt ein Eau de Vichy vielleicht nicht besser, aber anders: Es kann eine ganze Bilderflut geheimer Schauspiele des Begehrens auslösen, aber schließen wir nun lieber mit den Worten von Albertine: »je vous ennuie, adieu, mon chéri.« (PL III, S. 131) – »Ich sehe, Lieber, ich langweile Sie, auf Wiedersehen.« (FA V, S. 182)

1 Ursula Link-Heer, *Benjamin liest Proust*, Marcel Proust Gesellschaft, Köln 1997.
2 Walter Benjamin, *Gesammelte Schriften*, VI, 298, zit. nach: Ursula Link-Heer, *Benjamin liest Proust*, S. 30.
3 Ebd., S. 326.
4 Vgl. Thomas Mann, »Lübeck als Lebensform«, in: *Essays, Bd. 3: Ein Appell an die Vernunft, 1926-1933*, hg. v. Hermann Kurzke und Stephan Stachorski, Frankfurt am Main 1994, S. 16-39.
5 Ebd., S. 31.
6 Ebd.
7 Vgl. Michel Foucault, *Histoire de la sexualité. La volonté du savoir*, Paris 1976.
8 Vgl. die französisch-lateinische Ausgabe von Jean Cassien, *Institutions cénobitiques*, hg. von J. C. Guy, Paris 1965.
9 Michel Foucault, »Le combat de la chasteté«, in: Philippe Ariès/André Béjin (Hg.), *Sexualité occidentale*, Paris 1982, S. 26-40, S. 27.
10 Michel Sandras, »La comédie de la soif«, in: Raymonde Coudret/Guillaume Perrier (Hg.), *Marcel Proust. Surprises de la Recherche*, Paris 2004, S. 183-197.
11 Sandras, »La comédie de la soif«, S. 187: »le cassis relie la masturbation aux plaisirs de Sodome et du sadisme.«
12 Vgl. Roland Barthes, der die Liebe in einem Fragment als »one man show« bezeichnet hat (F. Göttler, »Vom Philosophieren in den Propyläen. Play it again, Roland Barthes: Ein Streifzug durch internationale Journale«, in: *Süddeutsche Zeitung*, 27.3.2000).
13 Jean Pierre Richard, *Proust et le monde sensible*, Paris 1974, S. 30, zit. nach: Sandras, »La comédie de la soif«, S. 190.
14 Ebd., S. 190.
15 Sandras, »La comédie de la soif«, S. 188.
16 J. J. Rousseau, *Les Confessions*, in: *Œuvres complètes*, Paris 1959, S. 137.
17 Jacques Lacan, *Le séminaire de Jacques Lacan, Livre 23: Le sinthome, 1975-1976*, hg. von Jacques-Alain Miller, Paris 2005, S. 150.
18 Roland Barthes, *Le plaisir du texte*, Paris 1973, S. 25.

Andreas Platthaus
»On voit bien, que vous ne le connaissez pas«.
Vorstellungen für Augen und Mäuler –
Prousts gastronomische Phantasie

Stünde dieser Text am Anfang des Buches, so könnte man ihn als »Amuse-gueule« bezeichnen, jenen in deutsch so seltsam als »Gruß aus der Küche« bezeichneten Vor-Gang, der sich wörtlich auch bei Proust wiederfindet, allerdings gleichsam tranchiert und in eine multisensuelle Wahrnehmung verwandelt, wenn es in *Le temps retrouvé* anläßlich der Beschreibung eines servierten Glattbutts heißt: »c'est un amusement pour l'imagination de l'œil et aussi, je ne crains pas de le dire, pour l'imagination de ce qu'on appelait autrefois la gueule« (PL IV, S. 290).[1] Hier haben wir die beiden im Untertitel beschworenen »Vorstellungen für Augen und Mäuler«, die in der deutschen Übersetzung (auch noch der von Luzius Keller revidierten) seltsamerweise auf eine einzige für letztere reduziert worden sind, während für erstere allein das »amusement« zur »Weide« geworden ist, was immerhin als geschickte Entsprechung gelten darf, weil sie zusammen mit »Maul« den animalischen Charakter verstärkt, aber dennoch unverständlicherweise den merkwürdigen Pleonasmus der »imagination de l'œil« außen vor läßt. Was sollte das Auge denn anderes tun als einbilden? Deshalb kommt mir die dann dem Maul in der deutschen Fassung zugesprochene »Einbildungskraft« auch als Übersetzung nicht ganz gelungen vor. Ich bleibe lieber bei der in unserer Sprache so wunderbar doppelsinnigen Rede von der »Vorstellung«.

Das ist natürlich auch nicht philologisch korrekt, denn »imagination« besitzt nicht die semantische Polyvalenz des Begriffs »Vorstellung«. Der spielerische Gebrauch des deutschen Begriffs in der Titulierung dieser Ausführungen ist deshalb auch auf die Nachsicht der Leser angewiesen, und ich hoffe, daß deren Resultate diese Frivolität etwas ausgleichen. Wobei schnell klar werden wird, daß meine Vorstellung mehr von einer Nummernrevue denn von einem nach den Regeln der aristotelischen Poetik gebauten Drama hat. Die von mir vorgeführten Belegstellen sollten also eher als nur lose verbundene Kette von literarischen Leckerbissen begriffen werden, nicht als ästhetisch-theoretischer Geschmacksakkord, wo die Nuancen nicht voneinander zu trennen sind und einen vielschichtigen Genuß ermöglichen. Mein kleiner Gruß aus der Versuchsküche appelliert eher an den »Gourmand« als an den Gourmet im Leser. Und ich habe mich weitgehend auf die späteren Bücher der *Recherche* beschränkt – in der sicheren Erwartung, daß die früheren schon von anderer Seite ausgiebig gewürdigt würden. Wie andere in diesem Band versammelte Texte dokumentieren, hat mich diese Annahme nicht getäuscht.

Es ist gewiß heikel, daß ich als Ausgangspunkt meiner Betrachtungen eine Passage gewählt habe, die zwar von Proust verfaßt, aber nicht vom Erzähler der *Recherche* erzählt ist. Es handelt sich um ein Zitat aus dem »Goncourt-Pastiche« vom Beginn der *Wiedergefundenen Zeit*, wo wir durch Augen, Ohren und Gaumen Edmond de Goncourts einen Eindruck von der Vorzeit des Verdurinschen Salons erhalten. Diese Passage ist im Roman ausgewiesen als wörtliche Übernahme aus den Tagebüchern der Goncourts. Hierher stammt auch die französische Überschrift meines Beitrags, die aber ihrerseits nicht die Stimme von Edmond de Goncourt erklingen läßt, sondern die von Madame Verdurin, die im Anschluß an jenes »Man sieht, daß Sie ihn nicht kennen« dem prominenten Schriftstellergast ein kurzes gastronomisches Porträt ihres Gatten zeichnet, weil Goncourt vermutet hatte, daß die in edlem Geschirr gereichten Köstlichkeiten Monsieur Verdurin »ein erlesenes Vergnügen« bereiten müßten (FA VII, S. 29). Ihr Mann, so jedoch darauf Madame Verdurin, sei ein Besessener, »ein Mensch, der eher Lust auf eine Flasche Apfelwein hätte, wie man ihn in der etwas derben Kühle eines normannischen Bauernhofs trinkt« (FA VII, S. 29).

Das ist eine wichtige Unterscheidung. Das »Erlesene« in der Terminologie Goncourts, das natürlich nur im Deutschen den schönen Beiklang der Lektüre hat, ist im Französischen »le délicat plaisir«, ein rein auf den Geschmack bezogenes Vergnügen. Madame Verdurin dagegen erweitert trotz der Herabwürdigung der kulinarischen Kompetenz ihres Gatten dessen Sinnesempfindungen beim Essen um das Gefühl, nämlich um das für ebenjene »derbe normannische Kühle«. Wir werden noch sehen, daß Geschmackserlebnisse in der *Recherche* in den seltensten Fällen für sich bleiben. Für den Übergang vom Schmecken zum Fühlen ist auch die Titulierung bezeichnend, die Madame Verdurin ihrem Mann verpaßt: »Besessener«, das heißt im Original »un maniaque«, und damit haben wir etymologisch auch noch den Tastsinn mit im Spiel. Er ist hier ganz angebracht als Erweiterung des verfeinerten Geschmacks von Mund oder Auge, die dem Goncourtschen (und auch Proustschen) Ideal ästhetischen Genusses entspricht. Zuvor haben wir ein veritables »Defilée« von Speisen erleben dürfen, die wie ein Festzug vor den Augen des Gastes vorbeigetragen wurden, die aber auch gekostet werden durften, wie wir Goncourts Beschreibungen von Gänseleber und Kartoffelsalat entnehmen können, die von ihm ihres Geschmacks, ihrer Konsistenz und ihrer Textur wegen gepriesen werden – was alles zusammengenommen zu jenem Urteil führt, das der ganzen Passage voransteht und das von »la qualité vraiment tout à fait remarquable des choses qui sont servis« spricht (PL IV, S. 290).[2]

Es ist dies die schwärmerischste Beschreibung in der ganzen *Recherche* von einem Vorgang, der sich auf den zahlreichen Soireen und in den Salons ständig abgespielt haben muß: das Servieren und die Einnahme von Speisen. Der Witz ist jedoch, daß über letztere fast nie gesprochen wird. Schon zu Beginn, im Haus der Großtante in Combray, gibt der Erzähler für seine lukullischen Passagen einen kulinarischen Kammerton vor, indem er eine ganze Litanei von Köstlichkeiten, die die Kochkünstlerin Françoise zu bereiten versteht, anstimmt, aber kaum ein Wort auf deren Genuß verschwendet.[3] So ist das eindrucksvollste spontane Geschmackserlebnis im ersten Teil von *Unterwegs zu Swann* – wenn wir von der Madeleine absehen, deren Geschmacksanalyse aber einen tieferen Zweck verfolgt – als Geruchserlebnis dokumentiert. Es ist die olfaktorische Sensation des eigenen Urins, der dem Erzähler das Spargelessen so unvergeßlich macht.[4] Der Rest der entsprechenden Erinnerung aber ist ein an Monetsche Viktualienmalerei gemahnendes rein visuelles Geschmackserlebnis: »besonders aber die Spargel hatten es mir angetan: sie schienen in Ultramarin und Rosa getaucht, und ihre mit feinen Pinselstrichen in zartem Violett und Himmelblau gemalten Ähren wurden zum Fuß hin – das allerdings noch Spuren trug vom Boden ihres Feldes – immer blässer, in unmerklichen, irisierenden Abstufungen, an denen nichts Irdisches haftete« (FA I, S. 177). Und kurz danach vergleicht der Erzähler dieses Spargelessen mit den Shakespeareschen Märchenstücken (FA I, S. 178), womit der Begriff der Vorstellung in bezug auf die Kulinarik endgültig zu seinem Recht kommt. Kein Wunder, daß Françoise aufgrund ihrer Fähigkeiten als Köchin qua Analogie zur Künstlerin ernannt wird.[5]

Beim »Goncourt-Pastiche« ist das anders. Hier wird wirklich genossen, es findet eine Degustation statt. Daß sie ausgerechnet der fiktiven Feder eines anderen Berichterstatters als der des Erzählers entstammt, macht sie besonders bemerkenswert. Das Pastiche darf als eine Art »Pâté« gelten: als eine verdichtete Angelegenheit, die, gleichsam in ihren Bestandteilen durch den Fleischwolf gedreht, alle Struktur des Ausgangsmaterials ununterscheidbar miteinander vermengt und nur durch die mehr oder minder grobe Struktur noch Erinnerung daran zuläßt, was hier verarbeitet wurde. In diesem Sinne ist das »Goncourt-Pastiche« eine äußerst vollsaftige Angelegenheit, in der von Prousts Stoff nicht viel mehr als die Namen seiner Figuren erhalten geblieben ist. Man erinnere sich in diesem Zusammenhang an die berühmte Passage vom Ende der *Wiedergefundenen Zeit*, wo der Erzähler die Komposition seines Buchs mit der Zubereitung eines Rinderbratens vergleicht.[6] Dort wird die Vielzahl der Protagonisten beschworen, die in ihrer jeweiligen Individualität zusammengenommen Geschmack, Konsistenz und Textur des Buches variieren. Auch Edmond de Goncourt selbst ist natürlich nur ein solches Fleischstück, das den eigentlichen Braten bereichert. Die Beschreibungen vom Verdurinschen Abendmahl aber, die wir in der *Wiedergefundenen Zeit* finden, orientieren sich an den tatsächlichen Texten der Goncourts und anderen Quellen, die in den Anmerkungen zur Pléiade-Ausgabe nachlesen kann, wer mag.[7] Sie tun hier nichts zu Sache. Wichtig ist, daß diese Zutat, eigentlich nicht mehr als Würze zur *Recherche*, hier selbst zum Hauptgang wird, weil es der fremden Stimme im Roman überlassen bleibt, von dem zu sprechen, was alle ständig tun: essen. Es hat etwas von Schamhaftigkeit, wie konsequent dagegen hierzu der Erzähler schweigt. Die Nahrungsaufnahme ist der blinde Fleck der *Recherche* – auch ganz im physiologischen Sinne des Begriffs. Erst der blinde Fleck ermöglicht ja dem Menschen das Sehen.

Wichtig ist noch etwas anderes. Die Menüfolge bei den Verdurins wird vom anwesenden Édmond de Goncourt minutiös dokumentiert. Das hat die bürgerliche Tafel dieses Salons der Getreuen wie auch die der Großtante den zahlreichen Diners der Guermantes oder von Madame de Villeparisis voraus. Aber diese Goncourtsche Genauigkeit ist im Kontext der Ausführungen zu den Verdurinschen Diners ein Unikum. In den Schilderungen, die der Erzähler selbst von den Treffen des kleinen Kreises gibt – so etwa bei einem der späteren Abende in

La Raspelière, wo ohne nähere Spezifikation lediglich von »zahlreichen Speisen und edlen Weinen« (FA IV, S. 731) die Rede ist –, fehlt jede Konkretisierung des Speiseplans. Ja, selbst beim gemeinsamen Diner von Madame de Villeparisis mit Monsieur de Norpois in Venedig bekommen wir gerade einmal eine Vorstellung des ersten Gangs, wenn beim Kellner Rotbarbe und Risotto bestellt werden; über den Rest der Speisenfolge schweigt sich der beobachtende Erzähler aus. Erst vom Kaffee an erfahren wir wieder etwas zum Fortgang der Nahrungsaufnahme.[8] Es bleibt noch einmal festzuhalten: Während der Erinnerungsfluß der *Recherche* seinen Ausgang vom Genuß eines teegetunkten Gebäcks nimmt, verzichtet der darauf folgende Erzählfluß weitgehend auf die Schilderung von konkreten Geschmackserlebnissen.

Das ist Programm. Essen bei Proust ist zwar durchaus ein sinnliches Vergnügen, aber vorrangig eines des Gesichtssinns. Exemplarisch sei hierfür das Diner bei den Verdurins am ersten Abend in La Raspelière genannt, wo zum Dessert Erdbeerschaum gereicht wird (FA IV, S. 497 f.). »Was ist das für eine Sache, die wir hier essen, die eine so schöne Farbe hat?« fragt der anwesende Künstler, der polnische Bildhauer Viradobetski, und es ist bezeichnend im wörtlichen Sinne, daß hier nur die optische Wirkung der Speise angesprochen wird, obwohl ja durchaus davon genascht wurde. Und daß der Antialkoholiker Viradobetski sofort danach nach Bordeaux und Portwein verlangen wird, ist auch nur auf sein Verlangen nach einem Pastiche zurückzuführen: »Sie gießen nur unsere Gläser voll, man schafft prächtige Pfirsiche und riesige Nektarinen herbei und stellt sie hierher, unmittelbar vor die untergehende Sonne, das würde dann einen Eindruck von Fülle und von Üppigkeit geben wie ein schöner Veronese.« Spricht's und fordert Monsieur Verdurin auf, seinen Käse von der Tafel zu entfernen, weil er farblich nicht zu dieser Vision passe. Alles ordnet sich dem Blick unter.

Solche optische Sensation ist indes nicht Künstlern allein vorbehalten. In *Die Gefangene* findet sich im Gespräch des Erzählers mit Albertine der Vergleich zwischen gläsernen Messerbänkchen und den Fenstern der Kathedrale von Chartres (FA V, S. 235). Die Tischkultur bei Proust ist eine des Stillebens, in der Lichtreflexe, Arrangements der Speisen und Schönheit des Tafelgeschirrs eine weitaus größere Bedeutung haben als der physiologische Geschmack des Dargebotenen. Interessant ist aber – und darauf werde ich zurückkommen –, daß die Stillebenkunst nur erzählerisch das Vorbild abgibt, nicht aber als direkte Analogie Verwendung findet, obwohl die sinnliche Beschränkung aufs Betrachten doch der Grundzug beider Tafeldarstellungen ist: der Bilder wie des Romans. Proust hat etwas Protestantisches, und es tut nichts zur Sache, daß er katholisch war, denn das waren die größten holländischen Stillebenmaler auch. Das primäre Geschmackserlebnis beim Essen, das des Schmeckens selbst, ist in der *Recherche* gegenüber einem Sinnesgenuß in den Hintergrund gerückt, den ich das »sekundäre Geschmackserlebnis« nennen möchte. Das ist der »goût«, also auch im Französischen der Geschmack, der von der Zunge ins Auge wandert und nun zur Grundbedingung ästhetischer Erfahrung wird. Zur vollendeten Abrundung eines solch sekundären, vulgo erweiterten, also nun ästhetischen Geschmacks gerät das Essen zum Beispiel dem Baron de Charlus, dessen Stilsicherheit laut dem Erzähler das ganze Spektrum zwischen zwei expliziten Polen umfaßt: der Malerei und der Küche.[9] Er wird nicht umsonst von Brichot als »dieser sanfte Mann, der wie kein zweiter einen Braten zu tranchieren versteht« (FA V, S. 403), bezeichnet: ein Genießer auch noch in der Inszenierung des Essens.

Nun haben wir auch das Theatralische mit im Spiel: Man speist in der Maske. Charlus gibt mit dem Bratenmesser den Dienstleister, und ein Dienstleister wiederum gibt den Künstler. Denn da haben wir ja noch einen anderen Herren, der über eine dezidierte Meisterschaft im Zerlegen von Speisen verfügt: Es ist der Hoteldirektor von Balbec. Im zweiten Teil von *Sodom und Gomorrha* ist der Demonstration seiner Befähigung ein langer Abschnitt gewidmet, obwohl der Erzähler dem Ereignis gar nicht selbst beigewohnt hat – eine schöne Parallele zum »Goncourt-Pastiche«. Es ist eine der wunderbaren Passagen Prousts, in der er seinen Erzähler als einen Meister der Ironie ausweist, wenn der Direktor seinen Hotelgast entgeistert fragt: »Wie, Sie haben mich nicht persönlich die Truthähne tranchieren sehen?« und dieser fortfährt: »Ich antwortete ihm, daß ich, da ich Rom, Venedig, Siena, den Prado, das Dresdner Museum, Indien, Sarah in ›Phèdre‹ bislang nicht gesehen hätte, an Resignation bereits gewöhnt sei und sein Truthahntranchieren meiner Liste noch hinzufügen werde.« (FA IV, S. 713). Wobei hinter dieser sardonischen Bemerkung mehr steckt als bloßer Witz, denn tatsächlich wird ja das Essen in der *Recherche* immer wieder als Kunst inszeniert. In der Aus- und Aufführung eines gelungenen Mahls wird der Bourgeois geadelt, ja selbst die Dienerschaft nobilitiert, für die ja nicht umsonst das Mittagessen eine »heilige Handlung« ist, während derer sie keine Störung durch die Herrschaft duldet.[10] So sind denn auch der Baron de Charlus und der Hoteldirektor mit einem Mal von einem Fleisch, indem sie es jeweils auf artistische Weise zerteilen. Die Statusgrenzen, die etwa in Doncières so deutlich bei der Plazierung der Gäste im Restaurant zum Ausdruck kommen, fallen, wenn ein Baron und ein Direktor mit derselben künstlerischen Ernsthaftigkeit tranchieren oder die Verdurins dieselben Genüsse servieren können wie die Guermantes.

Denn Geschmackssicherheit ist in den Augen des Erzählers ein Ausweis von Adel. Im zweiten Kapitel des zweiten Teils von *Die Welt der Guermantes* ist mit Blick auf die Gäste der Herzogin, die deren bissige Bemerkungen überhörten, zu lesen: »Bestimmt lag es, wenn sie dort an ihren Gewohnheiten festhielten, an der raffinierten Erziehung des gesellschaftlichen Feinschmeckers, an dem sicheren Gefühl für die vollendete, ganz erste Qualität des gesellschaftlichen Gerichts mit dem vertrauten, beruhigenden, aromatischen, ungemischten, von jeder Verfälschung freien Geschmack, dessen Ursprung und Geschichte sie ebensogut kannten wie diejenige, die es ihnen bot; sie waren eben darin ›nobler‹ geblieben, als sie selber wußten« (FA III, S. 720). Das Zeichen für solch hohen Adel ist »goût«, Geschmack, der hier wieder von der sekundären Ebene über eine Remetaphorisierung zurückgeführt wird auf den Gourmet und somit auf die primäre Ebene der reinen Sinneswahrnehmung. Selbst die Sprache der Herzogin, ihre so spitze »langue«, ist einige Seiten früher mit kulinarischen Analogien beschrieben worden: Ihr Vokabular sei »so schmackhaft wie die Gerichte, die man in den köstlichen Büchern von Pampille finden kann: Gerichte, die in Wirklichkeit jedoch rar geworden sind; es sind ja Speisen, in denen Gelees, Butter, Fleischsaft, Klößchen noch echt und unverfälscht verwendet werden und für die sogar das Salz aus den Salzteichen der Bretagne beschafft werden muß: am Tonfall, an der Wahl der Worte merkte man, daß die Redewendungen der Herzogin in ihrer Grundsubstanz unmittelbar aus Guermantes kamen« (FA III, S. 703 f.). Es ist die Reinheit und Tradition der Sprache, die sie über das gemeinsame Organ der Zunge mit der Küche verbindet. Und zugleich haben wir hier zwei Parallelen: zum Buch »au bœuf«, wie es am Schluß des Romans beschworen wird, und auch – noch wichtiger – zu Monsieur Verdurin und dessen Vorliebe für normannischen Cidre, mit der wir unsere Ausführungen begonnen haben. Dem Erzähler könnte man seitens des Guermantes-Kreises mit Hinblick auf die Herzogin vorhalten: »On voit bien, que vous ne la connaissez pas«. Es ist nicht deren übersteigerte Sensibilität, die ihre Noblesse ausmacht, sondern ein Rest von Bodenständigkeit, von Verwurzelung, wie sie sich uns auch am Erdenrest auf der Spargelstange gezeigt hat.

Gerade der Adel braucht die Rückbindung an das Land: genealogisch wie geschmacklich.

Hier ist ein Komplex berührt, der für die gesamte *Recherche* von Bedeutung ist. Ihnen allen ist das Singspiel bekannt, das die Verkäufer unter den Fenstern der Pariser Wohnung aufführen, wo der Erzähler mit Albertine lebt. Die Volksmasse der Kleinhändler wird zum Künstlerensemble erhoben, das sich ganz im Geiste eines Debussy oder Mussorgski präsentiert. Was die Schneckenhändler, die Ziegenhirten, die Fischverkäuferinnen, die Gemüse- und Obstanbieter, die Käsehändler, um hier nur die im Text genannten Anbieter von Nahrungsmitteln aufzuzählen, zu Albertines und des Erzählers »amusement de l'imagination d'oreille« aufbieten, das ist in der Tat ein veritabler Opernchor der Verführung. Die Marktleute erwecken in Albertine Heißhunger und provozieren sie zu einer jener raren Äußerungen in der *Recherche*, die sich dem primären Geschmack widmen: »Was ich an diesen ausgerufenen Viktualien liebe, ist, daß eine Sache, die man hört wie eine Rhapsodie, ihre Natur verändert, wenn sie auf den Tisch kommt und zu meinem Gaumen spricht.« (FA V, S. 180) Doch das Lob des Erzählers, der Albertine anläßlich dieser Gelegenheit »Klugheit und latenten Geschmack« bescheinigt, verdient sie sich erst durch ihre darauf folgenden Ausführungen, wo sie den Genuß von Eis mit dem Betrachten einer »géographie pittoresque« (PL III, S. 636), einer mehr künstlerischen im Sinne von »pittura« denn buchstäblichen pittoresken Weltbeschreibung vergleicht. Aber von noch größerer Wichtigkeit ist Albertines Bezug auf die Geographie. Aus den Speisen leitet der avancierte Geschmack Landschaftserlebnisse her, die denen, die man beim Betrachten der Bilder Elstirs hat, nicht nachstehen. Und dieses Land nimmt man ästhetisch in Besitz. Es ist das Stammland des Geschmacksadels.

Auch im Falle des Eises ist es also eine optische Wahrnehmung, die aus der geschmacklichen gewonnen wird – und die den Vorrang genießt. In Stéphane Heuets Comic-Adaption der *Recherche* ist dieses Prinzip in jener Doppelseite, die den Genuß der Madeleine darstellt[11], kongenial umgesetzt: Aus der geschmacklichen Erinnerung erwachsen die Bilder der Vergangenheit. »Der Anblick jener Madeleine hatte mir nichts gesagt, bevor ich davon gekostet hatte« (FA I, S. 70), heißt es in *Unterwegs zu Swann*. Der Geschmack ist die Vorstufe zur Vorstellung, und so ist es auch nur konsequent, daß die Angelegenheiten der Küche und damit die ästhetische Dimension des Schmeckens mit Françoise denn doch einer Dienerin überlassen bleiben, wo ansonsten Meister wie Elstir, Bergotte, die Berma oder Vinteuil für die bereits etablierten künstlerischen Disziplinen stehen.

Doch auch die Philosophie galt jahrhundertelang als Magd der Theologie, und so muß auch der kulinarische Hilfsdienst eine Aufwertung der Kochkunst nach sich ziehen. Wie sehr etwa im synästhetischen Projekt der *Recherche* die Empfindung des physiologischen Geschmacks als Ursprungsphänomen ausgezeichnet wird, können wir an der Madeleine sehen, die dem Crescendo taktiler und akustischer Reize, die schließlich in der *Wiedergefundenen Zeit* die *mémoire involontaire* auslösen, tausende Seiten vorausgeht. Ein weiterer interessanter Fall ist der Auftakt der *Gefangenen*: Wenn es von Albertines Küssen heißt, daß sie wie »ein tägliches Brot« seien, »eine stärkende Nahrung beinahe mit der Weihe eines jeden Leibes, dem die um seinetwillen erduldeten Leiden schließlich eine Art von Sanftmut verliehen haben« (FA V, S. 8), dann ist im Anklang an das Vaterunser eine Analogie zur ewigen göttlichen Liebe angelegt, die über die Metapher der »Süße« zu einer Frage des Geschmacks wird – einer Kategorie, die später im Buch noch einmal bestätigt wird, wenn es wie in einer Reprise des Auftakts der *Gefangenen* heißt: »Sobald sie die Augen lächelnd halb geöffnet hatte, bot sie mir ihren Mund, und ehe sie noch etwas sagte, hatte ich schon seine kühle Frische gespürt, die so friedvoll war wie ein Garten, der noch schweigend ruht vor dem Erwachen des Tages.« (FA V, S. 160) Hier haben wir einmal den seltenen Übergang vom Geschmack zum Gehör.

Die in der *Gefangenen* erstmals proklamierte Süße Albertines findet ihre Fortsetzung in der *Flüchtigen*, wo diese Geschmacksmetapher interessanterweise nun für deren Klugheit verwendet wird, die ihrerseits ja vom Erzähler bereits einmal in dem Moment entdeckt worden war, als Albertine den Übergang vom primären zum sekundären Geschmackserlebnis vollzog. Er selbst aber beschränkt die Freundin nun in seiner Empfindung auf bloßen, also primären Geschmack: »Albertines Klugheit«, so lesen wir, »gefiel mir, weil sie assoziativ in mir das wieder heraufbeschwor, was ich ihre Süße nannte, so wie wir als die Süße einer Frucht eine gewisse Empfindung bezeichnen, die nur an unserem Gaumen existiert« (FA VI, S. 120). Albertine selbst erreicht als Phänomen also nicht alle Sinne. Und ganz im Geiste der zu Prousts späten Jahren überaus populären, auf Pawlows Experimenten gegründeten Schule des Behaviorismus fährt der Erzähler fort: »Tatsächlich schoben sich meine Lippen, wenn ich an Albertines Klugheit dachte, instinktiv vor und kosteten eine Erinnerung aus, deren Wirklichkeit ich mir lieber als eine außerhalb von mir bestehende, objektive Überlegenheit eines Wesens vorstellte.« (FA VI, S. 120).

Es ist der Geschmack der Liebe, den Proust hier thematisiert – ein Geschmack, den er vor dem Zusammenleben mit Albertine nicht in seiner Vielschichtigkeit gekannt hat. Dies ist aber auch ein doppeldeutiger Geschmack, der sich in den Visionen des Erzählers von den Ausschweifungen Albertines zu jenen »goûts« verdichtet[12], die die deutsche Fassung mit »Neigung« hat übersetzen müssen. Geschmack in diesem Sinne ist auch Lust und damit nahe an der Todsünde, wo der gastronomische Aspekt durch die Nachbarschaft zur Völlerei ohnehin bereits steht. Hier haben wir einen Akzent, der sich insoweit als prophetisch erweist, als in dem großen Erinnerungswerk der *Recherche* doch alles auf den Tod hinausläuft: als das einzige, an das wir uns von der Zukunft erinnern können. Es ist das Wissen um die Auslöschung, das das Proustsche Projekt antreibt und damit erst das Wissen um die Vergangenheit schafft. All unsere Erinnerung ist Folge des Allersichersten, von dem wir wissen. Was, so fragt die *Recherche* auf jeder Seite, ist gewisser als der Tod? Gewiß nicht unsere Erinnerung.

Diese Ambivalenz der gesamten Rekonstruktion ist aufgehoben im Begriff des Geschmacks. Auch er ist subjektiv, wie unser Gedächtnis, und so entspricht der *mémoire involontaire* ein »*goût involontaire*«, der sich gleichermaßen aus dem Vorlauf zum Tode ergibt und wie jene seinen Ursprung nicht in der Ratio, sondern in der Sinneswahrnehmung hat, anders gesagt: in der Sinnenfreude. Wo die *mémoire involontaire* ein apollinisches Vergnügen ist, kann man den »*goût involontaire*« als ein dionysisches bezeichnen, als Ausschweifung gegenüber der Abschweifung, die ja das hervorstechende Merkmal der unwillkürlichen Erinnerung ist – zumal in einem Buch, das nur als einzige Digression gelesen verständlich wird.

Was aber ist dann der »*goût volontaire*«? Natürlich der bewußt gereizte Geschmack selbst, die kulinarische Sensation, der Zustand der reinen Degustation, wie es der Gastronomiekritiker Jürgen Dollase nennt.[13] Deshalb finden die entsprechenden Beschreibungen ihren Platz vor allem im »Goncourt-Pastiche« und nicht in den Geschmackserörterungen des Erzählers der *Recherche*, deren Gegenstand – mit der bezeichnenden Ausnahme Albertines – die sekundären Geschmackserlebnisse sind, die »*goûts involontaires*«, mit allen ihren Ausprägungen ästhetischer Natur. Die Erotik bleibt dagegen eine Angelegenheit des primären Geschmacks. Beide vereint die früher schon konstatierte Schamhaftigkeit des Erzählers. Es ist kein Zufall, daß kurz nach den Ausführungen zur lusterregenden Intelligenz Albertines eine Passage folgt, die noch einmal ihre durch

Liebe nährende Zunge beschreibt: »ich spürte auf meinen Lippen« – und das sind ebenjene Lippen, die sich in Erwartung der Süße Albertines auf pawlowsche Weise vorgeschoben haben –, »die sie auseinanderzudrängen suchte, ihre Zunge, ihre mütterliche, unversiegliche, nährende, gebenedeite Zunge« (FA VI, S. 123). Auch hier kann die Übersetzung nur andeuten, was das französische Original durch das Homonym »langue« für Zunge und Sprache ganz deutlich macht: daß das Geschmacksorgan hinter dem steht, woraus die *Recherche* entsteht und besteht. Und das ist auf primärer Ebene natürlich nicht die Erinnerung, sondern Sprache oder eben Zunge.

Deshalb ist davor zu warnen, den willkürlichen Geschmack geringzuschätzen. Auch er zählt, wie schon ausgeführt, zur Stufenleiter der ästhetischen Erziehung, und die eigene Erfahrung damit ist Voraussetzung für die Herausbildung der Phantasie, die dann im unwillkürlichen Geschmack gipfelt, in jener Stufe des Genusses, die uns jeweils ganz eigen ist. Zuvor jedoch gilt: »Ein einfaches Frühstückshörnchen, das wir selbst essen, bereitet uns mehr Vergnügen als alle Schnepfen, Junghasen und Steinhühner, die Ludwig XV. vorgesetzt bekam.« (FA VI, S. 122). Geschmack im Sinne ästhetischen Verstehens ist ohne Geschmack im wörtlichen Sinne nicht zu erringen. Deshalb sind die Vorstellungen für Mäuler so wichtig: Sie bereiten die Vorstellungen für die Augen vor.

An anderer Stelle in der *Recherche*, lange vorher, in jener Nebelnacht, als der Erzähler beim zweiten Besuch in Balbec den Spieß umgedreht hat und nun, selbst im Bett liegend, den Besuch Albertines empfängt, legt er über seine Empfindungen Rechenschaft ab: »Gewiß liebte ich Albertine überhaupt nicht: als Tochter des Nebels da draußen konnte sie nur das Verlangen der Phantasie befriedigen, das der Wetterumschlag in mir wachgerufen hatte und das zwischen den Wünschen lag, die einerseits die Kochkunst, andererseits die Monumentalplastik befriedigen können; denn ich träumte dabei von der Möglichkeit, meinem Fleisch einen anderen, warmen Stoff beizumischen und gleichzeitig mit ein paar Stichen an meinem ausgestreckten Körper einen divergierenden Körper zu befestigen, dem Körper der Eva gleich, der nur ganz leicht mit den Füßen an Adams Seite haftete, an dem Körper, zu dem sie beinahe senkrecht steht in jenen romanischen Basreliefs der Kathedrale von Balbec [...]« (FA III, S. 496 f). Hier haben wir die Trennung der beiden Geschmackssorten in Kategorien des Ein- und »Ausverleibens« vor uns. Die Erschaffung der Frau und damit der Beginn des Begehrens ruft die Sehnsucht nach Kunstgeschmack hervor, während der Essensgeschmack das genaue Gegenteil, die Zuführung eines warmen anderen, voraussetzt. Wie auch im Falle von Charlus spannen die beiden Pole von bildender Kunst (Malerei ist es bei Charlus[14], Plastik bei Albertine) und Kochkunst den Horizont auf, vor dem sich die *Recherche* abspielt.

Prousts gastronomische Phantasie beschwört an dieser Stelle ein Geschmackserlebnis, dessen beide Komponenten er später in einem atypischen Exzeß zu versöhnen sucht. Gegen Ende des ersten Teils von *Sodom und Gomorrha* schildert der Erzähler sein Verlangen nach den jungen Mädchen am Strand von Balbec, das er vor Albertine geheimzuhalten sucht. Und er berichtet auch von dem Mittel, das ihm Linderung schenkt, und nie ist es berechtigter gewesen, von einer gastronomischen Phantasie zu sprechen: »Ich ging dann zu dem Konditor, der gleichzeitig Erfrischungen feilbot, und nahm dort hintereinander sieben bis acht Glas Portwein zu mir. Sofort stellte dann da, wo zuvor ein unüberbrückbarer Zwischenraum zwischen meinen Wünschen und Handeln bestanden hatte, die Wirkung des Alkohols eine Linie her, die beides verband. Es gab nun keinen Platz mehr für Zögern oder Furcht. Es schien mir, daß das junge Mädchen mir einfach zufliegen müsse [...], es gab kein Hindernis mehr für die Vereinigung unserer beiden Körper. Kein Hindernis wenigstens mehr für mich.« (FA IV, S. 351).

Hier ist im Rausch alle Scheu überwunden, und die grundlegende Trennung, die durch das Bild der Dualität von Mann und Frau in die Vorstellung für die Augen eingezogen wurde, wird rückgängig gemacht in der Vorstellung für den Mund, die das kleine Illusionistenensemble der sieben oder acht Portweingläser inszeniert. Der Einverleibung des Alkohols folgt in der Phantasie die Wiedereinverleibung der Frau auf dem Fuße, und somit ist es kein Zufall, daß das große Spektakel der Lekkereienlitanei, die unter dem Fenster des Erzählers in Paris intoniert wird, seinen Platz just im fünften Teil der *Recherche* findet, in *La Prisonnière*. Die Gefangenschaft Albertines ist auch eine, die durch ihre Initiation in die Riten des Geschmacks begründet wird. Nach ihrer bereits erwähnten Vision einer Welt aus Speiseeis vergleicht der Erzähler diese verbale Phantasie mit der Poesie seiner Gespräche mit Céleste Albaret in Balbec: »Niemals hätte Albertine so etwas gefunden; doch die Liebe ist parteiisch, selbst wenn sie ihrem Ende nahe scheint. Ich zog die ›malerische Geographie‹ des Sorbets vor, deren verhältnismäßig anspruchslose Anmut mir ein Grund schien, Albertine zu lieben, sowie ein Beweis, daß ich Macht über sie besaß und daß sie mich liebte.« (FA V, S. 182).

Der Diskurs über den Eisgenuß, der Kunst und Küche verbindet, ist also der Beleg für die Unterwerfung der Gefangenen: In der Horizontverschmelzung geht die Ungewißheit verloren, die den Erzähler beim nächtlichen Besuch Albertines im Hotelzimmer noch gepeinigt hatte und die nur ein Mann von der Geschmackssicherheit des Barons de Charlus zu besiegen weiß. Er versteht von allem was. Doch gerade dadurch, daß dann auch Albertine die Versöhnung der beiden Geschmacksebenen gelingt, müßten wir gewarnt sein, denn am Beispiel des Barons hatte man ja sehen können, wie die Versöhnung der Gegensätze durch höchste ästhetische Verfeinerung geradezu zwingend die Inversion als einen neuen Zwiespalt hervorbringt, ohne den die menschliche Existenz nun einmal nicht zu denken ist.

Dieses Naschen an verbotenen Früchten empfindet der Erzähler als widernatürlich, während gerade mit exquisiten Speisen, wie wir schon anläßlich der Analogie zur Sprache der Herzogin von Guermantes gesehen haben, deren reale, also natürliche Herkunft auf eine Weise verknüpft wird, die den Lebensmitteln wesentlich ist. Im ersten Teil der »Welt der Guermantes« gibt es dazu die zentrale Aussage: »Diese Gerichte [die mit Saint-Loup in Doncières eingenommenen] schenkten meiner Phantasie ebensoviel Freude wie meinem Appetit; manchmal umgab sie noch ein kleines Stück jener Natur, aus der sie stammten: die höckrige Weihwasserschale der Auster [wieder die religiöse Analogie!], in der noch ein paar Tropfen Salzwasser zurückbleiben, oder das knorrige Rebholz und das gelb gewordene Laub der Weintraube, nicht eßbar, poetisch [...]« (FA III, S. 161). Und direkt danach wird geschildert, wie solch ein Anblick – notabene: nicht der Geschmack der Speisen – »Evokationen einer Siesta im Weinberg und eines Ausflugs auf dem Meer« (FA III, S. 161) erweckt, und der Koch wird als ein Artist gepriesen, wenn er die Speisen »in ihrem dazugehörigen Rahmen wie ein Kunstwerk präsentierte« (FA III, S. 162).

Hier ist klar ausgesprochen, was die *Recherche* in ihrem Durchlauf durch die Gastrosophie erarbeitet: die Veredelung des Essens zu einem weiteren Werkzeug der Erinnerung und eine Geschmacksschulung, die vom physiologischen zum ästhetischen »goût« führt. Letzterer ist es, der auch die Veranstaltung des Romans selbst zu einem jener gesellschaftlichen Gerichte, zum »mets social« (PL II, S. 804), macht, aus der die ununterbrochene Menüfolge des Lebens nun einmal besteht. Es ist deshalb nur konsequent, daß die durch den Anblick des Speisesaals in Doncières ausgelöste Assoziation eine künstlerische ist: die an gemalte niederländische Festtafeln, aber nicht an die Stilleben, sondern an die ältere Gattung des »in flandrischer Übertreibung gemalten biblischen Festmahls« (FA III,

S. 133). Es ist die Anwesenheit von Menschen auf dem Bild und an der Tafel, die erst berechtigt, überhaupt vom »mets social«, dem gesellschaftlichen Gericht, zu sprechen. Der einsame Genießer im Zustand der vollendeten Degustation, unabgelenkt und nur auf das primäre Geschmackserlebnis konzentriert, ist denn doch nur ein gefangener Gourmand, während Gourmets und Guermantes erst dadurch gemacht werden, daß sie betreffs des durch Geschmack ausgezeichneten »mets social« mit all dessen Rückbindungen an die kulinarische wie ästhetische Erfahrungswelt der primären Geschmacksebene entfliehen und einander versichern können: »On voit bien, que vous le connaissez«. Den »mets social« nämlich kennt man: das gesellschaftliche Gericht und seinen Genuß. Diese Leute sind nun Connaisseure auf allen Ebenen.

1 Die deutsche Fassung des Zitats findet sich in FA VII, S. 28 und lautet: »eine Weide aber für das Auge und – ich stehe nicht an, es zu sagen – für die Einbildungskraft des Körperteils, den man früher als das Maul bezeichnet hat.«
2 Deutsch in FA VII, S. 28: »die wirklich hervorragende Qualität der Dinge, die darin aufgetragen werden«.
3 Vgl. FA I, S. 105.
4 Vgl. FA I, S. 177 f.
5 Vgl. FA I, S. 106.
6 Vgl. FA VII, S. 508.
7 Vgl. PL IV, S. 1193 [»Notes et variantes«].
8 Vgl. FA VI, S. 321 f.
9 Vgl. PL III, S. 713.
10 Vgl. FA III, S. 18.
11 Marcel Proust, À la recherche du temps perdu. Combray, adaptation et dessins de Stéphane Heuet, Paris 1998, S. 16 f.
12 Etwa in PL IV, S. 88; als »Neigung« übersetzt in FA VI, S. 137.
13 Jürgen Dollase, Geschmacksschule, Wiesbaden 2005.
14 Vgl. FA V, S. 293.

Claudia Hoffmann
Augenschmaus. Ein kulinarischer
Streifzug durch die Geschichte
der Proust-Verfilmungen

Von den kulinarischen Motivfeldern in Prousts Romanwerk ausgehend, lassen sich eine Vielzahl von Brücken schlagen zu den großen Themen der *Recherche*: Erinnerung, Künstlertum, Eifersucht, Liebe und Tod. Wir begegnen hier auch dem humorvollen Proust. Jedem Proustianer vertraut ist jene brillante Szene aus *Combray*, in der sich die beiden Großtanten des Erzählers in ihren gesuchten Redewendungen gegenseitig überbieten und sich bei Swann auf so überzart verschlüsselte Weise für sein Präsent in Form einer Kiste Asti bedanken, daß dieser kein Wort davon mitbekommt. Diese Karikatur stellt die erste einer Fülle von brillanten Gesellschaftssatiren der *Recherche* dar, von denen später noch die Rede sein wird.[1]

Ein bislang unterrepräsentierter Aspekt der bis dato ohnehin nicht allzu detailliert erforschten Essensthematik bei Proust könnte mit »Proust kulinarisch und die Medien« überschrieben werden. Dabei erweist sich eine Ausweitung des Themas auf den Bereich der zahlreichen Verfilmungen des Proustschen Universums insbesondere unter dem Blickwinkel der Visualisierung des Kulinarischen als äußerst produktiv.

So sieht der bedeutende Filmtheoretiker Siegfried Kracauer seine These, daß sich »literarisch darstellbares Leben« stets in Bereiche erstrecken kann, die dem Film nicht zugänglich sind, auch und gerade in Prousts berühmter »Straßenrufer-Szene« »schlagend illustriert«.[2] Eine Episode, in der der Erzähler bei Anbruch des Tages den Rufen der Straßenhändler lauscht, die in sein Schlafzimmer dringen, und mit der Proust in Form von Leitmotiven einen von mehreren (vermeintlichen) Ruhepunkten in den Text eingelassen hat, sind doch die Rufe der Straßenhändler in ihrer Zweideutigkeit allesamt »dazu angetan, Marcels eifersüchtiger Phantasie Nahrung zu geben«.[3] Eine Szene, die auf den ersten Blick für eine Verfilmung geradezu prädestiniert erscheint, die aber den Filmemachern – wie die folgende Analyse zeigen wird – einiges Kopfzerbrechen bereitet hat.

In der Episode der »cris de Paris«, in der Begehren und Kulinarisches wie so oft in der *Recherche* unauflöslich miteinander verwoben sind, schildert Proust die stereotypen Rufe der Händler nun aber »hauptsächlich der Erinnerungen wegen, die sie in ihm erwecken. Die Rufe erinnern ihn an Gregorianische Choräle. Und dementsprechend gipfelt die Episode in Vergleichen zwischen den Pariser Straßenrufen und diesen liturgischen Wechselgesängen. Aber indem Proust so das endlose Gewebe von Beobachtungen und Erinnerungen spinnt, in denen sich sein Leben erfüllt, stellt er eine Kontinuität her, die sich der Kamera verschließt«.[4] Nach Auffassung Kracauers kann das Kino »diese Vergleiche und die Meditationen in ihrem Gefolge nicht suggerieren, ohne seine Zuflucht zu abwegigen Notbehelfen und künstlichen Mitteln zu nehmen; und sobald es sich ihrer bedient, hört es auf, Kino zu sein«. Es handele sich dann lediglich um eine »Bearbeitung im theatralischen Stil«. Wer diese Episode verfilmen wollte, stünde in den Augen Kracauers »vor einem Dilemma«. Arbeitete er nämlich »die Straßenhändler und ihre Rufe heraus, so hätte er nur eine geringe Chance, die Erinnerungen, mit denen sie verwoben sind, organisch einzubeziehen. Und wollte er die Erinnerungen ins Licht rücken, so könnte er das nur in Form unfilmischer Passagen tun, die zwangsläufig die Straße und ihre Geräusche in den Hintergrund drängen. Jeder Versuch, das seelisch-geistige Kontinuum des Romans in Kamera-Leben zu verwandeln, scheint zum Scheitern verurteilt zu sein«.[5]

Ein interessanter Aspekt ergibt sich hier nun vor allem im

Zusammenhang mit dem sogenannten *cinéma invisible*, also den nicht realisierten Proust-Filmprojekten. Die wichtigsten Stationen auf dem hindernisreichen Weg der Proust-Verfilmungen seien hier noch einmal kurz skizziert. Die erste Etappe markiert das im Jahre 1965 vollendete Drehbuch des italienischen Autors Ennio Flaiano mit dem Titel *Progetto Proust*.[6] Ein Filmprojekt, das einen bemerkenswerten Grad an Vollendung erreichte und ursprünglich von René Clément realisiert werden sollte. Die zweite, wohl bekanntere Etappe ist Luchino Viscontis *Alla ricerca del tempo perduto* – ein Drehbuch, das er gemeinsam mit Suso Cecchi d'Amico entwickelt und im Jahre 1970 fertiggestellt hat.[7] Die Tatsache, daß in der ebenso schwierigen wie spannenden Geschichte der Proust-Verfilmungen neben künstlerisch-ästhetischen vor allem pragmatisch-finanzielle Probleme eine ganze Reihe von Fehlschlägen verursachten, illustriert dann das Mitte der 70er Jahre von Harold Pinter und Joseph Losey in Angriff genommene Filmprojekt *The Proust Screenplay*.[8]

Alle am *cinéma invisible* beteiligten Drehbuchautoren stellen sich nun den Herausforderungen der »Straßenrufer-Szene«, begeben sich also gewissermaßen freiwillig in das von Kracauer konstatierte Dilemma. Damit betritt auch die gerade im Falle von Proust so häufig beschworene Frage nach der Verfilmbarkeit den (kulinarischen) Raum. Eine Debatte, die die Geschichte der Proust-Verfilmungen seit ihren Anfängen begleitet hat und die von seiten der Literatur- und Filmwissenschaftler nicht selten in polemischer Weise geführt worden ist.

Im Falle von Ennio Flaianos *virtuellem* Film kristallisieren sich bereits im sogenannten Treatment, also einer Vorstufe des ausformulierten Drehbuchs[9], zwei große Themenbereiche heraus, die er später minutiös ausarbeiten wird: zum einen die Tragik einer vor Eifersucht und Besitzgier vergifteten Liebe – illustriert an den beiden Paaren Erzähler/Albertine und Charlus/Morel –, zum anderen die Abgründe und Scheinwelten gesellschaftlichen Lebens. »Eifersucht« und »Homosexualität« – diese Themen erlauben es Flaiano, weite Strecken des Romans zu durchqueren und dabei das Zeitkontinuum zu bewahren. Die »Straßenrufer-Szene« ist dann im Treatment zunächst skizziert. Offensichtlich beabsichtigte der italienische Drehbuchautor in dieser Episode, die etwa in der Mitte des Films ihren Platz finden sollte, den Schwerpunkt auf die musikalischen Händlerrufe und deren Wirkung auf Albertine zu legen.[10] In der endgültigen Drehbuchversion, in der als durchgängiges Konstruktionsmerkmal auch weiterhin Sequenzen alternieren, deren Protagonist mal Albertine, mal Charlus ist, ist diese Szene dann verschwunden. Die Gründe mag man nur erahnen. Auffallend ist, daß insgesamt die philosophisch-ästhetische Dimension des Romans zugunsten zweier komplexer Liebesgeschichten weitgehend zurücktritt.

Eine ähnliche Schwerpunktsetzung wie bei Cecchi d'Amico und Visconti, die sich einige Jahre später ebenfalls »unfilmischerweise« für das Herausarbeiten der Händlerrufe und deren kulinarische Folgeerscheinungen entscheiden, diese Szene jedoch auch in der endgültigen Drehbuchfassung beibehalten und dort ein akustisches Signal einfügen, das den Proust-Kenner aufhorchen läßt: Das Klingeln der kleinen Gartentürglocke, das in *Combray* die Besuche Swanns ankündigt, und das den virtuellen Film leitmotivisch durchziehen wird. Die beiden Drehbuchautoren schlagen so eine Brücke zur *mémoire involontaire*.[11]

Auch der englische Dramatiker Harold Pinter nimmt die filmische Herausforderung der »Straßenrufer-Szene« an. Pinter entscheidet sich konzeptionell für genau die Art von Proust-Verfilmung, die etwa für Volker Schlöndorff niemals in Betracht gekommen wäre[12], will heißen: ein filmisches Puzzle-Konstrukt, das er mit einer Sequenz von insgesamt 34 rasch aufeinander folgenden Einstellungen eröffnet.[13] Diese beeindruckende Auftaktsequenz im Drehbuch von Pinter dient als Ouvertüre und Einführung sowohl visueller wie akustischer Elemente, die mal parallel, mal kontrapunktisch zueinander in Beziehung gesetzt werden und im weiteren Verlauf der Geschichte leitmotivähnliche Funktion übernehmen. Gleichzeitig spielen sie auf den kaleidoskopartigen Reichtum der subjektiven Welt des Erzählers an und deren »ultimate resurrection through art«.[14]

In dieser Sequenz vereinigt Pinter – mit Ausnahme der Madeleine-Episode – alle Elemente, die nach Auffassung vieler Kritiker eine Transposition ins filmische Medium schwierig, wenn nicht gar unmöglich machen. Nun wissen wir jedoch seit Hans-Robert Jauß, der am Beispiel des Fliedermotivs gezeigt hat, wie aus einer Motivreihe ein thematischer Zusammenhang entsteht, daß sich die bloße Aneinanderreihung von Motiven im Zusammenhang mit Proust als nicht unproblematisch erweist: Denn es handelt sich hier »weder um Variationen zu einem vorgegebenen Thema, in der Weise, daß jede Variation durch ihre Beziehung zu dem abgewandelten Thema unmittelbar verständlich würde, noch um das Leitmotiv im Sinne Richard Wagners, welches in seiner Wiederkehr ein identisches [...] anzeigt [...]. Verstanden im Sinne Prousts ist es erst, wenn es als Teil eines kompositorischen Ganzen begriffen [wird] und nicht allein als isoliertes Bild durch die ›Kombination seiner Metaphern‹ [...]. Das Thema ist hier nicht außerhalb oder abgesehen von seinen ›Abwandlungen‹ – es wird nur in der Reihe seiner Manifestationen offenbar und kann erst mit der letzten Manifestation und durch sie in einer Synopsis aller Motivstellen ergriffen werden«.[15]

Die Nichtbeachtung dieses wesentlichen Merkmals Proustscher Erzählkunst ist in gewisser Weise die eine Crux des Drehbuchs von Pinter. Die andere offenbart sich auch und gerade in zwei »kulinarischen« Schlüsselstellen: Es ist die Art und Weise, in der Pinter seinen Erzähler präsentiert, die zwar interessanterweise an die frühe Stummfilmtechnik erinnert, aber zuweilen doch recht unglücklich anmutet. So stellt der Vater in Szene 104 Marcel dem Marquis de Norpois vor, der erstmals in Combray zum Abendessen geladen ist. Der kulinarische Aspekt kommt im berühmten »Dîner Norpois« nun gleich mehrfach zum Tragen.

Zum einen will Marcels Vater in dieser – im Roman mit recht bellikosem Vokabular gespickten – Episode dem Marquis mit einem opulenten, von langer Hand vorbereiteten Diner imponieren. Zu diesem Zweck hatte man im Vorfeld »eine Art Kriegsstrategie« ausgetüftelt, wobei als besondere Waffen die Raffinesse des Ananassalates und die Macht von Françoises berühmtem »bœuf à la gelée« ins Feld geführt werden sollen. Der taktische Plan geht auf, und obschon Norpois der Rinderschmorbraten weit mehr imponiert als die Beilage, kann er gegen Ende des Diners zumindest aus kulinarischer Sicht als »attachiert« betrachtet werden.[16] Es ist Françoise, die ihrem Ruf als »Michelangelo der Küche« einmal mehr gerecht wird und an diesem Tag den uneingeschränkten Sieg davonträgt. Dem Triumph der Köchin steht allerdings der Mißerfolg des Romanhelden gegenüber, denn dessen literarischen Hoffnungen wird in dieser Szene ein (vorläufiges) Ende bereitet. Die Meinungen über Literatur gehen entschieden auseinander, wie das stumme, gerade hierdurch aber um so vernichtendere Urteil des ehemaligen Diplomaten im Hinblick auf das vorgelegte Prosastück über die Kirchtürme von Martinville beweist. Ein Stück, das Marcel bereits in *Swann* verfaßt hatte und das – dem ungünstigen Orakel zum Trotz – an späterer Stelle in Form eines Zeitungsartikels erscheinen wird. Zur Erleichterung des jungen Schriftstellers wird sich in nicht allzu ferner Zukunft auch herausstellen, daß das Urteil des Kritikers Norpois nur im kulinarischen Bereich Bestand hat.[17]

In dieser Szene, die – wie schon so oft gezeigt – bekanntlich als *mise en abyme* von Prousts Erzähltechnik gelesen werden kann, wird das Geschmackserlebnis metaphorisch ausgeweitet, so daß Françoises »bœuf à la gelée« mit all seinen sorgfältig ausgewählten Zutaten als Bild für die Vollkommenheit des Kunstwerkes figuriert. Françoise wird als Künstlerin – wie Elstir, Bergotte und Vinteuil – eine eigene Signatur zugeschrieben.

In Pinters Drehbuch nun erscheint Marcel in dieser Sequenz nicht nur literarisch, sondern auch rhetorisch weitgehend talentfrei, denn die ihm zugewiesenen Dialogpartien charakterisieren sich als eine Abfolge relativ stupider Satzfragmente. In der Art von: »MARCEL: Good evening, Sir. NORPOIS: Good evening. Your father tells me you wish to pursue writing, as a career? MARCEL: I (...) yes. I think so, Sir. NORPOIS: Rather than diplomacy? MARCEL: I (...) think so, Sir. [...] NORPOIS: [...] What have you written? MARCEL: Sir? NORPOIS: What have you written? MARCEL: Nothing (...) I'm afraid (...) that is actually finished. [...] FATHER: What about this? MARCEL: What? FATHER: Your piece. Your prose poem, as you called it. Your piece about steeples. MARCEL (*startled*): Oh no! No (...) that's (...). FATHER: It's finished, isn't it? MARCEL: Yes, but it was written years ago. It's (...) juvenile.«[18]

Dem kann dann auch Norpois wohl innerlich nur zustimmen, denn er gibt dem Vater das Gedicht nach Beendigung der Lektüre mit einem verlegenen Räuspern, ansonsten aber kommentarlos zurück. Ein ähnliches Dilemma offenbart sich in einer ebenso radikal gekürzten, von Erinnerungsmomenten vollständig befreiten »Straßenrufer-Szene«: »MARCEL *and* ALBERTINE *at window. Street cries of traders*. ALBERTINE: Oh listen! Those cries! Aren't they wonderful! Oysters! I've been longing for oysters! Mussels! I must have some mussels. MARCEL: If they're not as fresh as the ones at Balbec, they'd make you very ill. ALBERTINE: Listen! Onions, cabbages, carrots, oranges all the things I want to eat. Françoise can cook us a dish of creamed carrots, can't she, with onion? We'll be eating all the sounds we hear, won't we, all the sounds will be sitting on a plate. Will you tell her? MARCEL: Yes, yes. AL-BERTINE: I'd also like an ice, from Rebattets. I might look in and buy one. MARCEL: You don't need to go to Rebattets. I can order one for you from the Ritz. *Pause.* ALBERTINE: Well, if you do order me an ice, I'd like one of those old-fashioned ones, the ones that are shaped like temples, churches, things like that, monuments. A raspberry or vanilla monument. I shall make its pink granite crumble and melt deep down in my throat. Isn't that well put? My lips will destroy pillar after pillar. Venetian strawberry churches will be demolished by my tongue. I'll swallow them up, so cool, cool, cool.«[19]

Auch wenn man hier ein wesentliches Merkmal von Prousts Romanwerk angedeutet findet, nämlich die Chronik und Topographie der Belle Epoque, die in der *Recherche* unter anderem mit den Aufzählungen renommierter Restaurants, Hotels, Traiteurgeschäften, Confiserien etc. nachgezeichnet wird, und man auch die musikalische und erotische Dimension erahnen mag, so ist diese Szene bei Pinter nur eine vergleichsweise schlichte Adaptation der bei Proust so virtuosen Passage, die mal als Selbstpastiche, mal als »karikierende Übersteigerung der im Kontext latenten Bezüge zwischen Gaumen- und Liebesfreuden« kommentiert worden ist, und an deren Ende Albertine so lustvoll ihre Zunge im Erdbeereis versenkt.[20]

Es ist natürlich schwierig und sicher auch nicht unproblematisch, lediglich aufgrund der Drehbuchvorlage den jeweiligen *virtuellen* Filmen gerecht zu werden. Vor allem, wenn es sich um die Analyse einer einzigen, isolierten Sequenz handelt, die ihrerseits jedoch wiederum Teil eines mitunter sehr subtilen filmischen Gewebes ist. Darüber hinaus gibt es wohl keinen Entwurf – so elaboriert und fortgeschritten er auch immer sein mag –, der am Ende *wie in Stein gemeißelt* ist. Dies führt im Grunde zu der Frage nach dem schwierigen Status des Drehbuchs, das in seiner Eigenschaft als »Zwischentext« im Prozeß einer Verfilmung nicht selten »vollständig verbrennt« – eine Tatsache, die unter anderem zur Folge hat, daß es auch heute noch als eine der »schwierigsten und am meisten mißverstandenen Textsorten in der gesamten Literatur« gilt.[21]

Und es fehlt die Kraft und die Magie des Bildes. Welche Intensität und Ausdruckskraft die visuelle Ebene auch und vor allem durch das Wechselspiel mit akustischen Elementen erreichen kann, zeigt etwa Visconti mehr als eindrucksvoll im *Tod in Venedig*: Hier hört man oft minutenlang nur die alltäglichen Geräusche der Stadt: das Gemisch aus verschiedenen Sprachen, die Kirchenglocke, das Rauschen der Wellen, die Rufe der spielenden Kinder am Strand und – der Straßenverkäufer.[22]

Und doch gibt diese kurze Analyse einiger filmisch-kulinarischer Schlüsselstellen Siegfried Kracauer und allen in diesem Sinne argumentierenden Filmtheoretikern und -praktikern in gewisser Weise recht: Literarisch darstellbares Leben kann sich – wenn auch nicht immer, so doch oft – in Bereiche erstrecken, die dem Medium Film nicht zugänglich sind. Dies wird anhand der in den jeweiligen Visionen enthaltenen »Straßenrufer-Szene« in der Tat illustriert. Gleichzeitig besteht jedoch auf vielen Ebenen die Möglichkeit, der filmischen Adaptation der *Recherche* eine Proustsche Dimension zurückzugeben. Dies zeigt sich an anderen, kulinarisch nicht weniger ergiebigen Schlüsselstellen.

Genau da nämlich, wo gleichzeitig ein von Proust »bevorzugtes Erzählinstrument« zur Anwendung kommt: die gesellschaftliche Veranstaltung.[23] Diese mit brillantem Wortwitz gepaarte satirische Analyse der Gesellschaft und deren Inszenierung, die mit dem Familienkreis in Combray beginnt, sich mit der Schilderung von Odettes Salon, den »mercredis Verdurin«, den Soireen bei der Marquise de Saint-Euverte und Oriane de Guermantes fortsetzt und schließlich mit dem »bal de têtes« ihren Höhepunkt findet.[24] Veronika Eckl konstatiert hier durchaus zu Recht, daß sich »dieser Roman, in dem über Tausende von

Seiten hinweg nichts anderes getan« als diniert, soupiert, goutiert wird, liest, »als ein gradueller Aufstieg Marcels von der Welt des Bürgertums über die des Großbürgertums bis in die altadeligen Salons von Diner zu Diner«: Ein Aufstieg, den er sich – so Eckls These – gewissermaßen geradezu »er-ißt«.[25]

Es sind die Verdurins, deren Salon in der *Recherche* einen strategisch bedeutenden Platz einnimmt, die den jungen Schriftsteller in spe als erste in der mondänen Welt aufnehmen, ihn in gewisser Weise einführen und nicht zuletzt auch einen maßgeblichen Einfluß auf die Entwicklung seines literarischen und ästhetischen Geschmacks haben.[26] Die Hausherrin selbst ist auf den Ausbau und die Pflege ihres zunächst vergleichsweise inferioren, in ihren Augen verständlicherweise immer aber schon vorzüglichen Salonkunstwerks mit größter Sorgfalt bedacht. Und es gehört zu einer der großen Desillusionserfahrungen, die der Erzähler der *Recherche* durchlebt, daß er später in den sozial höhergestellten Milieus des Faubourg Saint-Germain das gleiche »Kalkül akkurater Inszenierung« wahrnehmen muß, bei dem es – so beobachtet Ulrich Schulz-Buschhaus treffend – die jeweiligen Gastgeberinnen vor allem verstehen, »ihre Aufmerksamkeit bei den Empfängen in einem Geist striktester Zeitökonomie auf die verschiedenen Besuchergruppen zu verteilen«. Derart wird etwa die Konversation eines bestimmten Salons »gleichsam zum dramaturgischen Rahmen, auf den der einzelne Akteur angewiesen scheint, um die ganze Fülle seines Talents« ausspielen zu können.[27] Kein Wunder, daß die Gäste, die dem einen oder anderen Protegé gespannt lauschen, auch zuweilen »vergessen, was auf ihren Tellern liegt«.[28]

Die Menüs hingegen, deren Raffinesse zum herausragenden Ruf des Salons beiträgt, sind unabdingbarer Bestandteil eben jener akkuraten Inszenierung. Natürlich lud man im Hause Verdurin nicht zum Abendessen ein: Man hatte bei ihnen sein »Gedeck«. Die Gastgeberin legt größten Wert darauf, ihren

Gästen ausgezeichnete, »aufs sublimste zubereitete« Dinge vorzusetzen, allerdings mehr aus mondäner Eitelkeit denn aus persönlichem Geschmack. Und immer dienen am jeweiligen Empfangstag reich gedeckte Tische als Szenerie.²⁹

In eben jener Inszenierung der Geselligkeit nun gelangen sowohl das in den drei Drehbüchern niedergelegte *unsichtbare Kino* wie auch die realisierten Filmprojekte zu ihren ausdrucksstärksten Momenten. Eine der großen Gesellschaftsszenen der *Recherche* spielt auf La Raspelière, der Sommerresidenz der Verdurins. Bei Visconti und Cecchi d'Amico, in deren Drehbuch die Geschehnisse auf die Konfrontation zweier Welten – Adel und Bourgeoisie – zugespitzt werden, steht diese Episode gar im Zentrum der Ereignisse. Der zweite »mercredi Verdurin« – kurz vor Ende der Geschichte – ist nämlich von besonderer Brisanz. Hier findet in der von den Verdurins angemieteten Sommerresidenz jenes Konzert von Morel statt, an dem – neben dem *kleinen Kreis* – nur besonders erlesene, vom Baron de Charlus persönlich geladene Gäste teilnehmen. Charlus nutzt diese Gelegenheit zu einer großartigen Selbstinszenierung, während der er zahlreiche Seitenhiebe in Richtung Gastgeber verteilt: »Mais, à propos de tasses, qu'est-ce que c'était que ces étranges demi-bols, pareils à ceux dans lesquels, quand j'étais jeune homme, on faisait venir des sorbets de chez Poiré-Blanche ? Quelqu'un m'a dit, tout à l'heure, que c'était pour du ›café glacé‹. Mais en fait de café glacé, je n'ai vu ni café ni glace. Quelles curieuses petites choses à destination mal définie!«³⁰

Madame Verdurin, erstarrt ob dieser unverschämten Bemerkung über ihren Kaffee, reagiert aber zunächst zurückhaltend. Als sie jedoch im Laufe der Ereignisse überdies ihre exklusive Stellung im Hinblick auf die Förderung talentierter Künstler ernstlich bedroht sieht – Charlus hatte ihr zu verstehen gegeben, Morel werde demnächst auch bei Madame Duras spielen –, zieht sie alle Register ihres Könnens und setzt den jungen

Musiker von den *wahren* Absichten des Barons in Kenntnis. Das Drama erreicht seinen Höhepunkt und endet mit einer Tragödie: Der vor aller Augen zutiefst gedemütigte Charlus tritt – auf den Arm der Königin von Neapel gestützt – von der Bühne ab.[31] Mit dieser wohl längsten Einstellungsfolge ihres Drehbuchs schreiben Visconti und Cecchi d'Amico eine Sequenz, die auf ihre Weise der Intensität und Aussagekraft der Ballszene im *Gattopardo* in nichts nachstehen dürfte.

Auch in Flaianos *Progetto Proust* wird dieser Episode – mit einer in acht Subsequenzen gegliederten Einstellungsfolge – ein bedeutender Platz eingeräumt.[32] Hier gelingt es Flaiano und später auch Harold Pinter, mit wenigen Mitteln eine Person, ja sogar eine ganze Gesellschaftsklasse zu charakterisieren. Auf brillant-humorvolle Weise setzt Pinter beispielsweise den verbalen Schlagabtausch zwischen den Cambremers und den Verdurins in Szene. Denn anläßlich des Empfangs in ihrer Sommerresidenz sahen sich die ambitioniert-großbürgerlichen Verdurins aus Gründen der Höflichkeit gezwungen, auch ihre Vermieter, die adeligen Cambremers, einzuladen. Diese mußten sich – zu ihrem großen Bedauern – aus finanziellen Erwägungen vorübergehend von ihrem Haus trennen. Eine Tatsache, der sich Mme Verdurin vollends bewußt ist. Während sich Monsieur de Cambremer mit einem kompromißbereiten »I feel so at home here, you know« an Madame Verdurin wendet, bemerkt diese betont lässig: »You must notice a good many changes [...]. There were some horrid little plush chairs in this room, which I must confess I packed off at once to the attic. *She picks up a piece of bread, bites into it, and mutters into her bread*: – even that's too good for them.« Madame de Cambremer scheint zunächst willens, diese Bemerkung zu überhören. Als jedoch der kontaktsuchende Cottard die Frage: »Fine house, this, don't you think?« an sie richtet, antwortet Madame de Cambremer nur indigniert: »We own it.« Am Ende ihrer Geduld, flüstert sie ihrem Mann zu: »They've destroyed the house, totally desecrated it. But I'm not in the least surprised. You can't expect good taste from retired tradespeople [...]. I think we should put up the rent.«[33]

In Sachen Inszenierung der Geselligkeit punktet – aller Unkenrufe zum Trotz – auch die erste realisierte Proust-Verfilmung, Volker Schlöndorffs *Un amour de Swann* aus dem Jahre 1984. Ein Film, mit dem die siebte Kunst in einer neuen Runde des ewigen Kampfes des Kinos mit dem Buch wieder einmal richtig *angezählt* worden war. Nicht immer ganz zu Recht, denn so präsentiert Kameramann Sven Nykvist etwa während Swanns verzweifelter nächtlicher Suche nach Odette in den Straßen von Paris – auch Schlöndorff führt den Zuschauer zu den Kultstätten des eleganten Nachtlebens der Belle Époque – ausgesucht schöne, traumähnliche Bilder, mit deren Hilfe es gelingt, den halluzinatorischen Charakter der Szene im Roman beizubehalten.

Swanns Suche ist schließlich von Erfolg gekrönt: Er findet Odette in der ersten Etage eines Restaurants, in dem die Verdurins für ihr *Fähnlein* ein Souper geben. Glänzend verkörpert hier Marie-Christine Barrault eine Madame Verdurin, die sich in prachtvoller Künstlichkeit gefällt und die dank ihrer enormen Sensibilität nicht zuletzt auch ihre »Künstlernatur« beweist.[34] Ein sorgsam austariertes Leiden, das sie mitunter dazu bringt, sich beim Lachen buchstäblich den Kiefer auszurenken, oder sie beim Hören von Vinteuils Sonate an Migräne leiden läßt –, wobei hier ja bereits das Andante ausreicht, um sie für die nächsten acht Tage ins Bett zu katapultieren.

Im Roman verhilft der Krieg Madame Verdurin zu überragendem gesellschaftlichen Glanz und läßt sie nun vollends zur gesellschaftlichen Größe avancieren.[35] Grandioserweise besetzt Proust in der *Wiedergefundenen Zeit* die Rolle der Fürstin von Guermantes nicht – wie ursprünglich geplant – mit Madame de Sainte-Euverte, sondern mit Madame beziehungsweise Ex-Madame Verdurin. Hatte er zuvor den Salon in der

*Tischgesellschaft im Hause Verdurin.
Screenshot aus dem Film »Die wiedergefundene Zeit«
von Raúl Ruiz.*

zeitlichen Abfolge seiner verschiedenen Ausstaffierungen gezeigt, ändert er im letzten Band den Blickwinkel, beschreibt ihn im Stil der Brüder Goncourt und nimmt deren Perspektive ein. Damit wird »die bei dem Fürsten von Guermantes versammelte Gesellschaft zur letzten Erscheinungsform des Salon Verdurin«.[36]

Mit Hilfe des Pastiche-Verfahrens unterstreicht Proust einmal mehr die Künstlichkeit der Mahlzeiten im Hause Verdurin: Hinter der Anhäufung dekorativer Details, zu denen auch die ebenso gerühmten wie zur Schau gestellten Silber- und Porzellan-Schätze der Gastgeberin gehören, bleibt dann auch die unverzichtbare Ingredienz eines Diners – die aufgetragenen Speisen – nicht verborgen. Dieser Episode, in der Proust als *trompe-l'œil* ein von ihm selbst erfundenes Fragment des *Tagebuchs* der Brüder Goncourt auftauchen läßt, hat der Chilene Raúl Ruiz in seiner Proust-Verfilmung der *Wiedergefundenen Zeit* im Jahre 1999 ein filmisches Denkmal gesetzt. Eine Sequenz, die in einem kleinen Zugabteil vorbereitet wird, und die bei Ruiz exemplarisch dafür steht, wie sehr sich ein Film, der seine Aufmerksamkeit mehr denn je zuvor der Tafel selbst widmet, an der Opulenz, am Raffinement, am Luxus berauscht.

Ruiz zeigt eine Welt, die unter Anhäufung dekorativer Details hinter Tischordnungen erstarrt ist. Eine identische Einstellung, wie sie die Sequenz »Dîner chez les Verdurin« beschließt, wird später den »bal de têtes« eröffnen. Hier werden »die gesellschaftlichen Konventionen, die Menschen bei Tisch zusammenführen« einmal mehr »als fadenscheinig entlarvt« und die »Illusion von Geselligkeit« zerplatzt: »Buñuel nannte das *Der diskrete Charme der Bourgeoisie* (1972)«.[37]

Der große spanische Filmemacher bezeugt hier sicherlich einen neuen und extremen Gebrauch des kulinarischen Codes. Eine Tradition, die Marco Ferreri mit seinem Film *Das große Fressen* (1973), der wohl »grandioseste[n] Vanitas-Darstellung, die dem Kino je gelungen ist«, und auch Peter Greenaway, der es ihm »mit fast malerischer Ambition« gleichzutun sucht, mit *Der Koch, der Dieb, seine Frau und ihr Liebhaber* (1989), fortführen. In einer Schlüsselszene zeigt Buñuel – grotesk übersteigert –, »was das Essen in Wirklichkeit ist: Eine Inszenierung, in der die Speisen nur Requisiten«, die Kellner Statisten sind und die Gespräche »aufs Stichwort aufgesagt« wirken. Und »als sich plötzlich der Vorhang hebt, stellen die

Tafelnden fest, daß sie auf einer Bühne sitzen und das Publikum auf ihren Einsatz wartet«.[38]

Und zwischen den Filmen von Ferreri und Greenaway liegt Tomás Gutiérrez Aleas groteske Parabel *La última cena* von 1976. Dort läßt sich ein gräflicher Großgrundbesitzer dazu herab, am Gründonnerstag mit seinen 12 Sklaven ein üppiges Abendmahl zu feiern, das am Ende in einer Revolte der Sklaven gegen den Zuckerrohrplantagenbesitzer umschlägt. Alea benutzt Leonardo da Vincis berühmtes Gemälde als piktorale Folie für seine beißende Kritik an der kubanischen Sklavenhaltergesellschaft an der Wende vom 18. zum 19. Jahrhundert.

Und es ist wahr: »Wer ißt, befindet sich immer auf einer Bühne« – egal, wo gegessen wird. Im trauten Familienkreis, während eines Empfangs oder im Restaurant. Die Tatsache, daß dabei »ein Publikum anwesend ist, verleiht den Emotionen im Ernstfalle mehr Nachdruck, aber stets auch einen Hauch von Theatralik. Wer also dort eine Szene macht, ist sich in der Regel ihrer Wirkung wohl bewußt«.[39]

In diesem Sinne greift Ruiz eine weitere kulinarische Episode in Prousts Roman auf und setzt ein Restaurant in Szene, in dem eine Wochenschau mit den Greueln des Ersten Weltkriegs über die Leinwand flimmert, während die Anwesenden dinieren und dabei ihre Beziehungsprobleme diskutieren. Virtuos läßt er wenig später eine Beziehung zu den Niederungen der Zeitgeschichte durch das Kulinarisch-Fleischliche, das Sexuelle entstehen: Saint-Loup verschlingt sein Steak und reflektiert über den Krieg und die Welt. Dabei fährt die Kamera nahe an seinen Mund heran, in den er, fast ohne zu kauen, Essen hineinstopft: »Der Mensch ist dem Menschen ein Wolf.«[40]

Wenn ein Film zu Tisch bittet, dann führt er – wie wir gesehen haben – in der Regel »etwas im Schilde«.[41] In den wenigsten Fällen geht es dabei um die Nahrungsaufnahme allein. Zuweilen spielt sie auch überhaupt keine Rolle. Wie in Chantal Akermans *Die Gefangene* aus dem Jahre 1992, die vom fünften Teil des Proust-Werks ausgeht, dessen Stoff sie in die Gegenwart transponiert. Die belgische Regisseurin erzählt die Geschichte zweier Liebender, Ariane und Simon, die gleichzeitig die Geschichte einer Obsession ist – eine *liaison dangereuse*, von Mißtrauen und Besitzanspruch genährt.[42] Auch wenn das Kulinarische insbesondere für den Proustschen Liebesthesaurus ein wichtiger Indikator ist – häufig wird das Begehren, wie wir gesehen haben, durch einen geschmacklichen Genuß ins Bild gesetzt –, so beobachtet Eckl hier doch treffend: »Ab dem Zeitpunkt, zu dem Marcel Albertine kennenlernt, nimmt die Bedeutung von Mahlzeiten ständig ab.«[43] Von dem Moment an, wo Albertine seine *Gefangene* wird, scheinen sie für den Protagonisten sogar vollkommen bedeutungslos geworden zu sein.

Auch in Chantal Akermans Film spiegelt sich die Gefängnissituation in der Essensthematik wider. Es scheint, als substituiere auch hier die »erotische Intimität das Bedürfnis nach Nahrung«.[44] In einer einzigen, düsteren, klaustrophobischen Sequenz kurz vor Ende des Films rückt Akerman das Kulinarische in den Blick: Als Simon Ariane endlich zu besitzen glaubt, ist es, als wolle er mit den beim Zimmerkellner bestellten Speisen und dem Champagner das (vermeintliche) Glück besiegeln. Der Champagner bleibt ungeöffnet, die Speisen unberührt, das Ende offen: Albertine ist fort.

Die Geschichte der Proust-Verfilmungen zählt bis heute drei unvollendete und drei realisierte Filmprojekte. Sechs Visionen, eine Vielzahl bemerkenswerter Passagen, eine Fülle eindrucksvoller Bilder. Sechs Annäherungen an das Proustsche Universum, bei denen sich Filmkonzepte und Bildsprachen gegenüberstehen, wie sie unterschiedlicher nicht sein können – ja mitunter sogar diametral entgegengesetzt sind und die dem Kulinarischen einen jeweils anderen Stellenwert beimessen. Aber nicht zuletzt hier zeigt sich auch, wie sehr sie alle Teil einer »kreativen, oft höchst idiosynkratischen Auseinandersetzung

[...] mit einem der vielleicht bedeutendsten Romane des zwanzigsten Jahrhunderts« sind.[45]

Die Zubereitung selbst rückt interessanterweise dabei so gut wie nie in den Blick. Das ist nicht ungewöhnlich für den europäischen Film, denn es ist eher das – den Ritualen von Natur aus ohnehin mehr zugeneigte – asiatische Kino eines Ang Lee (*Eat Drink Man Woman*, 1994), das der Zubereitung – als Teil der Inszenierung – allgemein eine größere Aufmerksamkeit widmet.[46] Ergeben sich aber gerade hier nicht interessante Parallelen? Ist nicht das Kino generell eine »Illusionsmaschine, ähnlich wie die Küche«, wo die Kultur des Kochens davon lebt, »durch die Zubereitung jegliche Erinnerung an die Herkunft der Speisen zu tilgen«?[47] So wie in Combray, wenn Françoise in ihrem »kleinen Venustempel« mit der ihr eigenen archaischen Grausamkeit ein Hühnchen brutal ermordet, das dann – als kulinarische Wonne kredenzt – einen Teil der Erinnerungen an die Kindheit, einen Teil des »Traums voller Gerüche und Wohlgeschmack« konstituiert, die uns – nach Anne Borrel – nicht zuletzt ja auch die Kulissen des Romans zeigen.[48]

Und wäre nicht Françoise in Zeiten eines britischen Fernsehstarkochs à la Jamie Oliver, den wir ja nicht selten fachsimpeln sehen über die besten »Rupftechniken für Hühner«, der nach Tamara Trautner »mit den Marktfrauen schäkernd den Reifegrad von Artischocken, die Knackigkeit von Kohl oder die Würzintensität frischen Korianders prüft und die gerade erworbenen Viktualien dann in köstlichste Gerichte verwandelt: einfach und mit beiläufig-wirkungsvollen Effekten«.[49] Wäre nicht Françoise, die »zu der ständigen Grundlage von Eiern, Koteletts, Kartoffeln, Eingemachtem, Biskuits [...] – je nach dem Stand der Felder und Obstgärten, dem Ertrag der Fischerei und den Zufällen des Handelslebens, dem Entgegenkommen der Nachbarn und ihren eigenen Eingebungen und zwar so glücklich, daß unser Speisezettel [...] immer einigermaßen dem Rhythmus der Jahreszeiten und den Episoden unseres Lebens entsprach – jeweils etwas hinzu[fügte]: eine Rautenscholle, weil die Händlerin ihr garantiert hatte, daß sie ganz frisch sei, einen Truthahn, weil sie einen schönen auf dem Markt von Roussainville-le-Pin gesehen hatte, Kardonen mit Mark, weil sie sie uns noch nie auf diese Art zubereitet hatte, eine Hammelkeule, weil der Aufenthalt an der frischen Luft tüchtig hungrig macht und weil man bis sieben Uhr gut schon wieder einen leeren Magen haben konnte, Spinat zur Abwechslung, Aprikosen, weil es noch kaum welche gab, [...].« (FA I, S. 105 f.). Und so vieles mehr...

Wäre diese Françoise nicht sogar in unseren Tagen gewissermaßen eine Kultfigur? Wie dem auch sei: Die Akte *Proust und die Kinematographie* bleibt weiterhin geöffnet. Und man darf gespannt sein, was sie noch enthält. Und ginge es nach mir, dann dürften – nicht nur aus kulinarischer Sicht – sowohl die Küche von Françoise, als einem der Schlüssel zum »wohlgeordnetem Labyrinth« der *Recherche*,[50] als auch die eingangs erwähnte, grandiose »Asti-Szene« mit den Tanten hier durchaus enthalten sein.

---

1 Luzius Keller, »Nachwort«, in: FA I, S. 620.
2 Siegfried Kracauer, *Theorie des Films*. Die Errettung der äußeren Wirklichkeit, Frankfurt am Main 1964, S. 314.
3 Keller, »Nachwort«, in: FA V, S. 604.
4 Kracauer, *Theorie des Films*, S. 314.
5 Ebd.
6 Ennio Flaiano, *Progetto Proust*. Una sceneggiatura per la *Recherche du temps perdu*, Mailand 1989.
7 Suso Cecchi d'Amico und Luchino Visconti, *À la recherche du temps perdu*. Sceneggiatura dall'opera di Proust, Mailand 1986.
8 Harold Pinter, *The Proust Screenplay*, London 1977.
9 In diesem Stadion der Konzeption entwirft der Autor den Makrokosmos seiner Geschichte. Die Grobskizze berücksichtigt dabei die Haupt- und Nebenfiguren mit ihrem jeweiligen Ziel, die Auf-

einanderfolge von Ereignissen, die Gliederung in Akte, den Spannungsbogen sowie die Beschaffenheit von Höhepunkt und Auflösung. Flaianos Treatment beinhaltet über die genannten Punkte hinaus bereits (fast) alle Szenen, auf die er später zurückgreifen will. Vgl. David Howard und Edward Mabley, *Drehbuchhandwerk. Techniken und Grundlagen mit Analysen erfolgreicher Filme*, Köln 1996, S. 103.
10 Ennio Flaiano, »Come vidi Proust«, in: *Nuova Antologia*, Vol. 560° – Fasc. 2168 (ottobre – dicembre 1988), Florenz 1988, S. 233 bis 251, S. 248.
11 Cecchi d'Amico/Visconti, *À la recherche du temps perdu*, S. 110 f.
12 Vgl. hier: Volker Schlöndorff, »A propos de l'adaptation d'*Un amour de Swann*«, in: *Bulletin de la Société des Amis de Marcel Proust et des Amis de Combray*, N° 34, Illiers-Combray 1984, S. 178-191, S. 180 f.
13 Pinter, *The Proust Screenplay*, S. 3-6.
14 David Davidson, »Pinter in No Man's Land: *The Proust Screenplay*«, in: *Comparative Literature*, Volume 34, University of Oregon, Eugène 1982, S. 157-170, S. 159.
15 Hans Robert Jauß, *Zeit und Erinnerung in Marcel Prousts »À la recherche du temps perdu«. Ein Beitrag zur Theorie des Romans*, Frankfurt am Main 1986, S. 164 f.
16 Veronika Eckl, *Mahlzeiten: Die Essensthematik in Literatur und Film des 20. Jahrhunderts*, Regensburg 2001, S. 29.
17 Keller, »Nachwort«, in: FA II, S. 764.
18 Pinter, *The Proust Screenplay*, S. 29-31.
19 Ebd., S. 119 f.
20 Keller, »Anmerkungen und Kommentar«, in: FA V, S. 628.
21 Vgl. hierzu exemplarisch: Howard/Mabley, *Drehbuchhandwerk*, S. 26.
22 Natalya Todd, »Jenseits der Schrift: Viscontis *Death in Venice*«, in: Paul Goetsch und Dietrich Scheunemann (Hg.), *Text und Ton im Film*, Tübingen 1997, S. 107-116, S. 113.
23 Keller, »Nachwort«, in: FA I, S. 625.
24 Ders., »Nachwort«, in: FA II, S. 765.
25 Eckl, *Mahlzeiten*, S. 23 und 32.
26 Jean-Bernard Naudin/Anne Borrel/Alain Senderens, *Zu Gast*

bei Marcel Proust. Der große Romancier als Gourmet, München 1992, S. 66.
27 Ulrich Schulz-Buschhaus, »Gemeinplatz und Salonkonversation bei Marcel Proust«, in: Karl Hölz (Hg.), *Sprache und Sprachen bei Marcel Proust*, Frankfurt am Main, S. 134-150, S. 139 ff.
28 Naudin/Borrel/Senderens, *Zu Gast bei Marcel Proust*, S. 70.
29 Ebd., S. 66.
30 Cecchi d'Amico/Visconti, *À la recherche du temps perdu*, S. 135.
31 Ebd., S. 143.
32 Flaiano, *Progetto Proust*, S. 168-195.
33 Pinter, *The Proust Screenplay*, S. 103 ff.
34 Naudin/Borrel/Senderens, *Zu Gast bei Marcel Proust*, S. 71.
35 Keller, »Nachwort«, in: FA VII, S. 534.
36 Ebd., S. 541.
37 Michael Althen, »Das Große Fressen«, in: Thomas Kellein und Angelika Lampe (Hg.): *Das Große Fressen. Von Pop bis heute*, Bielefeld 2004, S. 11-17, S. 15.
38 Ebd.
39 Ebd., S. 16.
40 Vgl. in diesem Zusammenhang exemplarisch: Alexander Weber, »Jeder Biß ein Heldentod. Die Gemütlichkeit der Dekadenz: England entdeckt Marcel Prousts großen Roman im Film«, in: *Frankfurter Allgemeine Zeitung*, 18. Januar 2000, Nr. 14, S. 51.; Ralf Schenk, »Die wiedergefundene Zeit«, in: *Film-Dienst*, 2/2001, 16. Januar 2001, S 30 f., und Fritz Göttler, »Das Licht der Zeit. Ein großer Proust-Film von Raoul Ruiz im Münchner Filmmuseum«, in: *Süddeutsche Zeitung*, 22. Januar 2000, S. 19.
41 Althen, »Das Große Fressen«, S. 14.
42 Vgl. hierzu Thilo Wydras Filmkritik in: www.br-online.de/kulturszene/film/kino/0308/00193/, Stand: 09. 04. 2006.
43 Eckl, *Mahlzeiten*, S. 37 f.
44 Ebd., S. 38.
45 Marion Schmid: »Proust, Visconti und Losey«, in: Uta Felten/Volker Roloff (Hg.): *Proust und die Medien*, München 2005, S. 213 bis 228, S. 215 f.
46 Althen, »Das Große Fressen«, S. 15.
47 Ebd., S. 14.

48 Naudin/Borrel/Senderens, *Zu Gast bei Marcel Proust*, S. 19.
49 Tamara Trautner: »Der schnickschnacklose Meisterkoch«, in: *Literaturen*, 12/2002, S. 34-37, S. 35.
50 Naudin/Borrel/Senderens, *Zu Gast bei Marcel Proust*, S. 18.

Achim Hölter
»Ich danke Proust dafür, daß er mich dahin geführt hat, solche Zeichnungen zu versuchen« – Interview mit Stéphane Heuet

Seit 1998, als Stéphane Heuet den ersten Band seiner Comic-Adaption der *Recherche* vorstellte, haben wir uns häufiger getroffen, verschiedentlich natürlich in Paris, aber auch in Köln, Düsseldorf, Essen oder Münster. Gemeinsam mit dem bekannten Comic-Experten Andreas Platthaus konnten wir die ästhetischen Möglichkeiten des Literatur-Comics explorieren. Die im Verlag Delcourt 1998, 2000 und 2002 erschienenen ersten drei Bände bieten, wie man sieht, eine ganze Reihe optischer Leckerbissen und ästhetischer Raffinessen. Stéphane Heuet, der gerade den 4. Band seiner gezeichneten Proust-Version beendet hat – die nachgeholte umfangreiche Erzählung »Eine Liebe Swanns« aus dem ersten Teil –, war so freundlich, mir unter dem Aspekt der pikturalen Speisen und Getränke einen weiteren Einblick in seine Küchengeheimnisse zu gewähren.

Welches Spektrum an Möglichkeiten und Optionen siehst du, Essen und Trinken bildlich darzustellen?

Die sozialen Beziehungen bilden den Sockel für die Reflexionen und der Suche Swanns oder des Erzählers nach dem Glück. Und die Empfänge, Mahlzeiten im privaten Kreis oder Restaurantszenen sind der Stoff, aus dem Proust diese Beziehungen webt. Ich bin also noch nicht damit fertig, Gläser, Flaschen, Gerichte und Hausdiener zu zeichnen. Um so besser, denn das macht mir großen Spaß.

Ist das Stilleben deiner Meinung nach eine Proust gemäße Kunstform?

Sicherlich. Der Erzähler entdeckt übrigens in Balbec, dank Elstir, die »Wirklichkeit« der Stilleben. Und bei Tisch wird sein

Blick auf die Obstschalen oder auf einen Teller mit Austern (den ich bei Manet gestohlen habe) der eines Künstlers. Im Verlauf der *Recherche* betrachtet der Erzähler die Welt, die ihn umgibt, die Menschen, die Ereignisse und die Dinge wie Kunstwerke. Sehr oft wie die impressionistische Kunst, da das Prisma seines Blicks verzerrend wirkt, aber zuweilen auch äußerst gegenständlich wie bei den Künstlern des 18. Jahrhunderts. Ebenso präzise und chirurgisch wie ein Chardin.

Wie schätzt du die Bedeutung der verschiedenen Verfilmungen der Recherche *ein?*

Ich lechze nach Informationsmaterial, was übrigens einen wesentlichen Teil der Arbeit eines Comiczeichners ausmacht. Auch die Filme von Volker Schlöndorff und von Raúl Ruiz sind in dieser Hinsicht, abgesehen von ihrem großen künstlerischen Interesse, für mich sehr wertvoll. Was das Aussehen von Personen und die Wahl der Orte angeht, habe ich verschiedene Optionen wahrgenommen, ich habe während zahlreicher Kinovorführungen die Leinwand abgesucht, um die Details der Kleidung präzisieren zu können, und mit Ruiz habe ich einige Drehtage verbracht. Ihr könnt mir glauben, daß ich mir nichts habe entgehen lassen. Und wenn sich meine Begleiter in erster Linie für die Schauspieler interessierten, so war ich für meinen Teil ständig auf allen vieren unterwegs, oder ich stand oben auf irgendeiner Trittleiter, um Kulissen, Kutschen und Kaleschen in Augenschein zu nehmen. Bei Schlöndorff gibt es fantastische Teesalon-Szenen im »Bagatelle« oder grandiose Mahlzeiten mit den Verdurins (der japanische Salat – mmhh!) und ich erinnere mich sehr deutlich an Pascal Gregory in der Rolle des Saint-Loup in der *Wiedergefundenen Zeit*, wie er vor den Augen Marcello Mazarellas gierig sein Essen verschlingt. Aber meine ungeteilte Aufmerksamkeit hatte auch das Design in Joseph Loseys *Der Mittler* und Viscontis *Tod in Venedig*. In letzterem habe ich den Schatten Prousts beinahe noch mehr gespürt als den von Thomas Mann!

Könntest du die symbolische Funktion des kreisrunden Tisches beim Abendessen in Band I, S. 5 kommentieren?

Ab der dritten Seite des Bandes bringt dieses Bild ganz deutlich die Einsamkeit des Kindes im Universum der Erwachsenen zum Ausdruck. Hinzu kommt, daß man sich genau vorstellen kann, daß die Erwachsenen, die es mit Wohlwollen betrachten, ergründen, überwachen, eine Neurose hervorrufen. Zu stark eingekreist, zu beschützt. Die Tatsache, daß ich dabei die Vogelperspektive eingenommen habe, bringt das Gewicht dieses Universums zum Ausdruck. Andererseits betonen das Ritual der Mahlzeit, der eingedeckte Tisch, die Anordnung von Accessoires und das einstudierte Ballett der Hausangestellten die sozialen Zeichen.

Welche Rolle haben die kulinarischen Geschenke, die Charles Swann (Band I, S. 10) mitbringt?

Swann bringt seinen Gastgebern eine Kiste Asti mit. Das

ist ein weißer Muskatwein, perlend, mild und fruchtig, wie die Italiener ihn gerne zum Abschluß einer Mahlzeit trinken. Sein Bukett ist fein, was wiederum seinen Preis erklärt. Ein Fläschchen ist nicht gerade preiswert, eine ganze Kiste noch weniger. Es handelt sich also um ein gewichtiges Geschenk von Charles Swann, was kein Zufall ist, denn es läßt die finanziellen Mittel Swanns durchscheinen: Er ist ein reicher Privatier. Einige Zeilen vorher sagt übrigens eine Gemäldesammlung, darunter ein zu Ausstellungszwecken verliehener Corot, einiges über seinen Vermögensstatus aus. Außerdem ist es ein italienischer Schaumwein, der (welch ein Frevel!) im Land des Champagners offeriert wird. Es handelt sich um einen Wein, der nicht nach Art der Champagne hergestellt ist, da nicht der Wein, sondern der Most behandelt wird, der später im geschlossenen Faß reift. Das Gas, das den Schaum produziert, entsteht aus dieser Fermentierung, und durch eben dieses Verfahren bleibt der Muskatgeschmack erhalten. Dies bekundet den erlesenen Geschmack Swanns und seinen Nonkonformismus, der gegenüber der Großtante ebenfalls durch das Viertel zum Ausdruck kommt, in dem er wohnt, sowie durch die Tatsache, daß er geringen Wert auf Nationalstolz legt – und durch seine Kenntnis des Auslandes. Man weiß ebenfalls, daß er den Prinzen von Wales häufig besucht. Daß er so genau um ein erlesenes, in Italien übliches Verfahren weiß, bestätigt seine Kenntnisse des Landes und seinen Reichtum.

Auch die Gespräche mit Swann im Garten bestehen aus Zusammenkünften um einen runden Tisch. Welche Wirkung hat diese Struktur, was die Figuren von »Combray« betrifft (Band I, S. 10)?

Anfangs – in meinen Entwürfen und meinem ersten Storyboard – waren die Felder 6 bis 12 um das Feld 5 herum angeordnet. Ich habe die kreisförmige Struktur genutzt, um die wirbelnden Wortwechsel zwischen Céline, Flora und Swann zu illustrieren. Mein Herausgeber Guy Delcourt fürchtete seinerzeit jedoch, daß diese Anordnung der Felder verwirrend sei, da sie nicht den Konventionen des Comics entsprach. Er wird jedoch sicher akzeptieren, daß ich zu meiner Ausgangsidee zurückkehre, wenn ich Ende des Jahres den ersten Band für eine Übersetzung ins Persische überarbeiten werde. Man liest hier von links nach rechts, und ich werde einige Bilder verändern müssen, damit es funktioniert.

Möchtest du die kinematographische Umsetzung der berühmten »Madeleine-Episode« (Band I, S. 15 ff.) erläutern?

Zunächst habe ich für diese Szene Dialogelemente erfinden müssen, um dem Leser zu signalisieren, daß Tee und Madeleine für den Erzähler ungewöhnliche kulinarische Elemente sind; ansonsten hätte das Ereignis ja bereits vorher stattgefunden. Die Doppelseite ist eine Steigerung der Großeinstellung (Feld 14/1, die Gitter des Parc Monceau im unteren Teil der Avenue Hoche, die sich in Richtung 45, rue de Courcelles, erstreckt, um in Feld 15/10 auszukommen, das fast bis hin zum Gehirn des Erzählers führt). Ich habe den Namen Nicolas eingeführt (ein echter Hausangestellter der Familie Proust während der Jahre, in denen sich nach Proust die Zwieback-Episode zugetragen hat, die am Anfang dieser Romanszene steht). Hierdurch konnte ich der Erzählung treu bleiben, und so läßt die Mutter in Abwesenheit des Erzählers nach einem Gebäck schicken – ein Gebäck, das der Erzähler selbst nicht gewählt hätte. Was mit der Madeleine geschieht, von Proust so detailliert beschrieben und von mir in den Feldern 15/2, 3, 4, 5 gezeichnet, läuft rapide ab: kleine Felder, lebhafte Animation. Nichts ist bis dahin passiert – es handelt sich um rein technische Felder. Dann erst nimmt das Phänomen seinen Anfang. Musik: die geschlossenen Augen in Feld 15/6 blenden die äußere Erscheinung des Kuchens aus und ziehen die Aufmerksamkeit auf den Geschmack. Im nächsten Feld bringt das Öffnen der Augen und das Ausrufungszeichen die lebhafte Überraschung, das Unverständnis, zum Ausdruck. Dann verlangsamt sich die Handlung in dem Maße, in dem sich die Felder vergrößern und sich das Auge, wie eine Kamera, zuerst dem Gesicht, dann dem Löffel nähert und dann auf den Augen des Erzählers verweilt, die für die Außenwelt geschlossen sind und ihren Blick nach innen richten. Diese Aufteilung der Zeit in verschieden große Felder verschiedener Größe mit dem Ziel der Rhythmisierung bereitet die folgende Doppelseite vor: weit, großräumig, wie ein Symphoniesatz.

Die kulinarische Krönung ist in Band I, S. 26 f. der zeitlose Katalog der Küche, die Françoise der Familie des Erzählers auftischt. Gibt es Vorstufen und Skizzen dazu?

Ich mußte mich informieren und Kochbücher zu Rate ziehen. Ich habe mich übrigens zu Beginn im Hinblick auf die Kardonen mit Mark geirrt. Mein Schwager aus Lyon, der sehr gut kochen kann, hat mir – als er meine Zeichnungen gesehen hatte – erklärt, daß Gemüseartischocken nicht grün, sondern beigefarben sind. Ich habe die Hintergrundfarben geändert, damit verständlich wird, daß all diese Speisen zu unterschiedlichen Zeitpunkten, das heißt verschiedenen Jahreszeiten, serviert wurden. Dieser »Abfolge« von Zeiten bediene ich mich im Moment in *Eine Liebe von Swann*. Und eröffnet hat sie sich mir in den ersten Minuten des von Giuseppe Tomasi di Lampedusa geschriebenen und von Luchino Visconti adaptierten *Leoparden*. Was ich sehr gerne mag, sind die Kommentare Françoises für jede Speise. Ein Gericht kommt nicht »trocken« an; es wird von einem Wort Françoises garniert. Es ist eine intime Präsentation, die es in einem Restaurant nicht geben würde.

Der umnebelte Blick des jungen Erzählers unter dem Einfluß des Alkohols in Band II, S. 4 ist offensichtlich. Wie erzählt man Trunkenheit im Comic?

In Frankreich gibt es die Konvention der Spirale, die die Trunkenheit vergleichsweise deutlich zum Ausdruck bringt. Horizontal erzählt sie eine lebhafte seitliche Bewegung. Der halb geschlossene Blick hilft zusätzlich, diesen Zustand zum Ausdruck zu bringen, und ich habe ihn in Feld 4 auf der Seite 5 wiederholt. Im dritten Band ist der Erzähler betrunken in Rivebelle, von Seite 7 bis Seite 9, wo er mit starken Kopfschmerzen aufwacht, nachdem er überdies im Schlaf von einem Alptraum geplagt worden ist. Man muß dazu sagen, daß er sukzessive Bier, Champagner und Portwein durcheinandergetrunken hat, und ich mochte diese zusätzliche Deformation der Wirklichkeit sehr, als er die Kassiererinnen im Restaurant mit den Handleserinnen und die Teller und Tische mit den Planeten verwechselt. Ich danke Proust dafür, daß er mich dahin geführt hat, solche Zeichnungen zu versuchen.

Das Frühstück im Hotelzimmer von Balbec ist wirklich ein »petit déjeuner« (Band II, S. 11). Wie kann man die Proportionen von Prousts Erzählen berücksichtigen? Muß man schnell essen, wenn der Autor wenig davon spricht?

Zunächst einmal handelt es sich um ein französisches Frühstück, also Zucker und Süßgebäck (Toast, Croissants, heiße Schokolade). Keine Wurst, kein Fruchtsaft, keine Eier. Das französische Frühstück ist ja leider keine richtige Mahlzeit wie in Deutschland oder in England. Und ich habe während meiner Lektüre gespürt, daß es von Proust nur evoziert wird, um den Jungen einführen zu können, der die Vorhänge mit Blick auf das Meer öffnet, wie sie Françoise am Ende des dritten Bandes öffnen wird. Der Zyklus im Grand-Hôtel von Balbec öffnet und schließt mit dem Fenster. Die Frage, ob schnell gegessen wird, wenn der Autor wenig davon spricht, ist interessant, weil sie auf das gesamte Proustsche Universum angewendet werden kann. Ich bin gehalten, den Alltag meiner Figuren zu visualisieren, wobei hier manche Zeiträume überhaupt nicht erschlossen werden. Und ja, man hat oft den Eindruck, daß wenn er, der mit einer solchen Präzision die Dinge beschreibt, von etwas nicht spricht, dann aus dem Grunde, weil es nicht existiert, weil es für die Erzählung nicht von Nutzen ist.

Wie hast du den großen Speisesaal des Grand-Hôtels von Balbec angelegt? Hast du dafür besondere Modelle und Vorlagen benutzt (Band II, S. 12)?

Im ersten Feld auf Seite 12 habe ich meine drei Figuren (den Hoteldirektor, die Großmutter und den Erzähler) von den bereits am Tisch sitzenden Gästen durch die Kolorierung vor einem Hintergrund verschiedener Graustufen abgesetzt. Der Erzähler ist nicht integriert. Der Direktor stolziert mit geschwellter Brust, die Großmutter geht aufrecht, und der Erzähler ist gebeugt, von den Blicken niedergedrückt. Die Vorhänge sind die des Theaters, und dieselbe Ansicht findet sich am Ende des dritten Bandes auf Seite 46/Feld 9, bis auf die Tatsache, daß die Vorhänge abgenommen werden und daß der Erzähler auf dem gleichen Farbniveau ist wie die anderen. Er ist integriert, was eindeutig vom Direktor in Feld 47/4, Band III bestätigt wird. Mit Hilfe von Feld 3/12 in Band I konnte ich das Feld 1/13 vorbereiten, damit der Leser sich zurechtfindet. Zahlreiche graphische Vorlagen habe ich vor allem in Feld 1/13 verwendet, damit alle für eine getreue Wiedergabe erforderlichen, von Proust beschriebenen Elemente sichtbar werden.

Was ist die besondere Funktion des Abendessens in Gegenwart des Generaldirektors (Band II, S. 18)?

Es ist eine Szene, die von Hierarchien erzählt. In Frankreich gibt es in einem großen Restaurant verschiedene Dienstgrade, will heißen, zuweilen schwierige Beziehungen zwischen Hoteldirektoren, Restaurantleitern, Kellnern, Sommeliers im Speisesaal mit den Gästen, und eine andere Hierarchie in der Küche, zwischen den Köchen, die wiederum Spezialgebiete haben, wie Gerichte vom Grill, Saucen, Patisserien. Darüber hinaus eine ganze Reihe von Lehrlingen, Tellerwäschern, Hilfskräften, Köchen und Küchenchefs. Im Band steht der Generaldirektor über dem Direktor im Speisesaal und begrüßt die Gäste mit unterschiedlichen Abstufungen (18/4, 18/5). Diese gesamte Hierarchie wird noch betont von der weitergesponnenen Metapher, die das Militär evoziert (»directeur général«, »salua«, »réserve«, »généralissime«, »revue«, »commandeur de la légion d'honneur«, »chasseurs«). In den Feldern 4 und 6 sieht man, daß der Erzähler fasziniert ist. Kaum wagt er es, diesen Generaldirektor anzusehen, von dem alle beeindruckt sind, was ich versucht habe in Feld 3 zu zeigen, wo sich der Reflex von Feld 12/1 im Monokel widerspiegelt. Es ist die Seite der Einschüchterung. Das Grand-Hôtel ist ein sozialer Rahmen, der einem ebenso strikten und unverbrüchlichen Kodex unterliegt wie die Armee.

Die sozialistische Proust-Kritik hat stets besonders die Szene hervorgehoben, in der das einfache Volk den Gästen des Grand-Hôtels von außen durch die großen Glasscheiben beim Abendessen zusieht. Die Metapher des Aquariums ist eine Erfindung von Proust selbst. Wie schätzt du die soziale Symbolik dieser Sequenz ein, und hast du etwas hinzugefügt (Band II, 20 f.)?

Diese Seite ist voller verborgener Zeichen. Es ist die einzige Seite, auf der allein die Farben Blau und Gelb dominieren, und sogar die Textfelder sind gelb. Das ist, als gäbe es nur eine einzige Farbe. Ich wollte, daß diese beiden Seiten beunruhigend wirken, wobei die Zweifarbigkeit Blau-Rosa auf Seite 27 nicht ganz so unheilvoll wirkt. Es ist die einzig bedrohliche Seite in den drei Bänden: In Feld 20/1 wollte ich »die elektrischen Lichtquellen« nicht nur vergleichsweise schlicht durch Lampen illustrieren, sondern ich habe ebenfalls ihren Widerschein gezeigt, wodurch ich gleichzeitig unterschwellig die Auftaktsequenz von Spielbergs *Der weiße Hai* evozieren konnte: dort, wo die Rückenflosse des großen weißen Hais auftaucht. Ich möchte, daß man vom ersten Bild an eine Bedrohung spürt. Und in den anderen Feldern habe ich, ebenfalls, um ein Gefühl des Unbehagens einzuführen, überall ein wenig *Titanic* verstreut: im Speisesaal in Feld 20/3, durch die Schräglage des sinkenden Passagierschiffs in Feld 21/1, durch den Rauch seiner vier Schornsteine und seiner Signalfeuer, die in meinem Bild den Anschein eines Feuerwerks erwecken, und die Lichter, die – wie beim Drama von 1912 – in der Nacht bis zum Ende leuchten. Was die Figuren in den Feldern 21/2, 21/3 und 21/4 mit ihren Schirmmützen und ihrer allgemeinen Erscheinung angeht, wollte ich, daß sie an irische Emigranten erinnern.

Eine andere Szene voll sozialer Ironie, aber mit noch mehr Nuancen: Die Prinzessin von Luxemburg füttert die Bürgerlichen (Band II, S. 22)...

Ja, die Nahrung ist dort auch ein soziales Zeichen. Die Prinzessin von Luxemburg wählt für den Erzähler und seine Großmutter Leckereien aus, die für Zootiere reserviert zu sein scheinen.

Die schwelgerischen Diners in normannischen Bauernhöfen (Band III, S. 7-9) und ihre lebhaften Folgen für den Erzähler: Hier arbeitest du mit mehr fantastischen Elementen, um die Gefühle des jungen Mannes zu visualisieren. Eine Verneigung vor Tintin?

Natürlich. Hergé ist ein absoluter Meister. Das Feld 9/2 ist inspiriert von Haddock, der in die *Krabbe mit den goldenen Scheren* Stockschläge erhält, und der Peiniger ähnelt dem, der Kapitän Haddock schlägt. Feld 9/4 ist der Sonnenstrahl, der Tim während seines Schlafes im *Sonnentempel* blendet, was dessen Feuer-Alptraum auslöst, und in Feld 9/5 erinnern die kolorierten Sprechblasen an Schultze und Schulze, die in *Tim und Struppi im Reich des schwarzen Goldes* Pillen geschluckt haben, ebenso wie Kapitän Haddock seinen Whisky in *Reiseziel Mond* in Blasen davonfliegen sieht.

Die Goldrahmen repräsentieren den Versuch, sich auf das Schöne zu konzentrieren, das man in den normalen Lebensmitteln der Hotelküche findet (Band III, S. 21). Eine »Miniatur-mise-en-abyme«?

In diesem dritten, der Kunst gewidmeten Band habe ich die Malerei auf unterschiedliche Art und Weise evoziert (auf den Seiten 23 und 24 habe ich sogar Monet, Madeleine Lemaire, Delacroix, Courbet, Manet, Renoir, Boudin und Jongkind gezeichnet – welche Gästeliste!). Im Hinblick auf die Vignetten 21/9 und 21/10 hat es mir Spaß gemacht, goldene Rahmen als Einfassungen zu nehmen, um ein Bild von Manet und ein Bild von Dubourg »echt« wirken zu lassen. Das Feld 21/8 dient in Wahrheit nur dazu, das Triptychon von drei Feldern in der »Wirklichkeit« des Erzählers im Speisesaal des Grand-Hôtel zu verankern (wobei die Rohrstühle als Anhaltspunkt dienen).

Françoise packt die Körbe fürs Picknick, aber voll Widerwillen. Kann man deshalb die Lebensmittel darin nicht sehen, die du doch normalerweise so gerne zu Papier bringst (Band III, S. 32)? Oder wird allgemein im 3. Band weniger gegessen?

Stimmt, ich habe die Lebensmittel nicht gezeigt; denn was zählt, ist, daß er es ist, der anbietet, daß er es ist, der »bezahlt« – ein Umstand, der Françoise zur Verzweiflung bringt. Er ist zu allem bereit, um bei der »kleinen Schar« gut dazustehen. Aber es ist richtig, daß man im dritten Band, wo sich die Handlung eher außerhalb des Grand-Hôtel abspielt, weniger an Verköstigungsszenen teilnimmt.

Können wir Leser weitere Szenen erwarten, in denen prachtvoll und reichlich gegessen und getrunken wird, und kannst du uns schon etwas über die ästhetischen Lösungen verraten?

Über die gesamte *Recherche* hinweg wird gegessen und getrunken. Da die Verdurins mondän sind, bereitet euch darauf vor, längere Zeiträume an der Tafel zu verbringen, selbst wenn die Aufmerksamkeit stärker auf die Dialoge ausgerichtet ist. Der Tee bei Odette wird ein schönes Zeremoniell werden, und ich beschäftige mich gerade intensiver mit den Restaurants der Belle Epoque, wie dem Café Tortoni, dem Café Anglais usw. Ich zeichne gerne Lebensmittel, denn ich liebe die feine Küche. Und ich habe nicht die Absicht, jemals Fast Food zu zeichnen ...

Übersetzung aus dem Französischen von
Achim Hölter und Claudia Hoffmann.

Michel Sandras
Tischsituationen in der »Recherche«

In Erinnerung an Roland Barthes

Viele Seiten der *Recherche* beziehen sich auf Tischsituationen. Darunter verstehen wir nicht notwendigerweise Beschreibungen der Mahlzeiten, sondern die Evokation der Umstände, in denen Nahrung und Getränke konsumiert werden. Diese unterscheiden sich durch die Identität und die Qualität der Gäste, durch die Art der Zusammenkunft, die Konversation und die Zwischenfälle, denen sie Raum geben können. In der *Recherche* lassen sich vier grundlegende Tischsituationen unterscheiden: Die Mahlzeiten im Kreis der Familie in Combray, die Abendessen mit Saint-Loup in Rivebelle und Doncières, die mondänen Diners, die »mystischen Tischgesellschaften« bei den Guermantes und »unter Freunden« bei den Verdurins, schließlich der Fünfuhrtee oder das Picknick mit den jungen Mädchen in Paris oder der Umgebung von Balbec. Die Situationen schreiben sich in verschiedene Ordnungen ein (kulinarische, familiäre, soziale, sexuelle), lassen aber auch Überschneidungen erkennen – solche, die es dem Erzähler ermöglichen, unterschiedliche Zeiten und Orte seiner Lehrzeit zu verbinden – und Konstanten, die die Präferenzen des Erzählers und des Autors klar markieren.

Die Rituale der familiären Mahlzeiten werden in den Eingangsseiten evoziert, die Combray gewidmet sind. Daß diese Seiten berühmt sind, ist kein Zufall: Französische Leser unterschiedlicher Generationen haben in ihnen die Tischsitten erkannt, wie sie für die französische Provinz so charakteristisch sind, die dem Mittagessen, das hier »dîner« genannt wurde, stets eine so große Bedeutung zugemessen hat. Das Ritual des

Mittagessens ist es, den Tag durch eine Pause von nahezu zwei Stunden in zwei Hälften zu teilen: In Combray ißt man jeden Tag um 12 Uhr zu Mittag – außer am Samstag (PL I, S. 109 bis 110) –, und die Unterbrechung sorgt dafür, daß die Straßen verlassen und ruhig daliegen. Die täglichen Gerichte, abwechslungsreich, reichlich und schmackhaft, werden humorvoll in einer Liste aufgeführt, die gleichzeitig die Beweggründe der Köchin wiedergibt: »[...] une barbue parce que la marchande lui en avait garanti la fraîcheur, une dinde parce qu'elle en avait vu une belle au marché de Roussainville-le-Pin, des cardons à la mœlle parce qu'elle ne nous en avait pas encore fait de cette manière-là, un gigot rôti parce que le grand air creuse et qu'il avait bien le temps de descendre d'ici sept heures, des épinards pour changer, des abricots parce que c'était encore une rareté, des groseilles parce que dans quinze jours il n'y en aurait plus [...].« (PL I, S. 70).

Françoise besorgt die Zutaten, bereitet die Gerichte vor und zu. Es handelt sich um die Küche einer Frau, die gleichsam ethischen Anforderungen gehorcht: es gilt, die Anstrengungen des Mannes auf der Arbeit oder die Müdigkeit nach langen Spaziergängen zu belohnen, dem einen oder anderen eine Freude zu machen. Sie paßt sich den Umständen an, das heißt dem, was sie – je nach Jahreszeit und Gelegenheit – auf dem Markt findet. Gleichzeitig ist sie inspiriert, was es ihr ermöglicht, das ihr eigene Genie zu entfalten. Eine nach allen Gesichtspunkten großzügige Küche, aber gebieterisch: die Gäste sind gehalten, alles zu essen, wollen sie nicht als Banause gelten. Danach dürfen sie sich, nunmehr schwerfällig durch das Essen, zu einer Siesta zurückziehen, die der Erzähler für einsame Freuden nutzt.

Man kann zu den Mahlzeiten in Combray auch das Diner mit dem Diplomaten Norpois zählen, das nach der Berma-Episode stattfindet, am Beginn des Bandes von *A l'ombre des jeunes filles en fleurs* (PL, I, S. 437). Françoise ist die Künstlerin des berühmten »bœuf à la gelée«. Die Sorge um die Qualität der Produkte, die die Köchin bei ihren Einkäufen umtreibt, ist Anlaß eines hyperbolischen Vergleichs zwischen Françoise und Michelangelo, der seinen Marmor für das Grabmal Julius' des Zweiten ebenso sorgfältig auswählt, wie die Köchin die Zutaten ihres Menüs: bei Proust gleichzeitig Zeichen der Distanz wie der Bewunderung und Sympathie. Das Rezept ist sicherlich diskussionswürdig: Während die Rinderhaxe und der Kalbsfuß vollkommen gerechtfertigt sind, erscheinen die Lendenstücke überflüssig im Verhältnis zur Noblesse des Fleisches, das sich leicht und schnell braten läßt und wenig geeignet scheint, geschmort zu werden. Darüber hinaus wäre das Gericht, welches prächtig anzusehen ist, wenn es kalt aus der Terrine gestürzt serviert wird, möglicherweise schmackhafter, servierte man es heiß: Aber in dem Fall wäre das Gelee nicht länger sichtbar und Norpois hätte über die Geléekristalle nicht in Ekstase geraten können (PL I, S. 449). Wie dem auch sei, es handelt sich dabei um ein Gericht, das – ohne die Schwierigkeiten aufzuzählen, wie der Erzähler dies tut, um den Eifer und das Talent Françoises noch bewunderungswürdiger erscheinen zu lassen –, von einer Kunst zeugt, die Gaumen- und Augenlust zugleich erfreut: einer kulinarischen Kunst, die ebenso volkstümlich ist, wie sie es vermag, die Mondänen zu entzücken.[1]

Diesem Gericht, als Ausdruck einer Küche, die gleichermaßen ausgetüftelt wie handfest ist, wird ein anderes aus dem Kontext Combray gegenübergestellt: frischer Spargel. Es ist das einzige Nahrungsmittel, das zum Gegenstand einer genauen Beschreibung avanciert: »[...] mon ravissement était devant les asperges, trempées d'outre-mer et de rose et dont l'épi, finement pignoché de mauve et d'azur, se dégrade insensiblement jusqu'au pied – encore souillé pourtant du sol de leur plant – par des irisations qui ne sont pas de la terre. Il me semblait que ces nuances célestes trahissaient les délicieuses créatures qui s'étaient amusées à se métamorphoser en légumes et qui, à travers le déguisement de leur chair comestible et ferme, laissaient apercevoir en ces couleurs naissantes d'aurore, en ces ébauches d'arc-en-ciel, en cette extinction de soirs bleus, cette essence précieuse que je reconnaissais encore quand, toute la nuit qui suivait un dîner où j'en avais mangé, elles jouaient, dans leurs farces poétiques et grossières comme une férie de Shakespeare, à changer mon pot de chambre en un vase de parfum.« (PL I, S. 119)

Diese berühmten Zeilen bedürfen einiger Anmerkungen. Zunächst wird die Beschreibung – wie bei den Schönheiten der Natur oder des Intérieurs wahrnehmbar durch den Augen- oder Geruchssinn (Bäume in Blüte, maritime Landschaften, Zimmer) – auch hier in einer komplizierten Satzstruktur vorgenommen: auf einer kurvenreichen Strecke, in einer artistischen Schreibweise, die gleichzeitig darauf bedacht ist, die kleinsten Nuancen wiederzugeben, wie sie die Hyperbolie (»celeste«, »essence précieuse«) und das seltene Wort pflegt. »Pignocher« läßt das Argot des Malers erkennen (malen mit feinen Pinseltupfern), beschreibt zugleich jedoch eine Art zu essen, ohne Appetit, in kleinen Bissen. Selbst in dem Pastiche eines Textes von Michelet läßt die Schreibweise das Modell der Prosakunst des letzten Drittels des 19. Jahrhunderts erkennen, das mit der pikturalen Kunst in Präzision und Vielfalt der Eindrücke zu rivalisieren suchte. Es ist kein Zufall, daß eines der Gemälde Elstirs im Besitz der Herzogin von Guermantes einen Spargelbund darstellt, der es ermöglicht, den mangelnden Kunstgeschmack des Herzogs zu verdeutlichen, beurteilt er das Sujet doch als gemein und prosaisch (PL II, S. 54). Der Erzähler kommt zu einem ganz anderen Schluß. Hatte er zu Beginn seiner Reise nach Balbec das Ende einer Mahlzeit noch als »moment sordide où les couteaux traînent sur la nappe à côté des serviettes défaites« evoziert (PL II, S. 54), so urteilt er nach seiner Begegnung mit Elstir: »Je restais maintenant volontiers à table pendant qu'on desservait [...]. Depuis que j'en avais vu dans les aquarelles d'Elstir, je cherchais à retrouver dans la réalité, j'aimais comme quelque chose de poétique, le geste interrompu des couteaux encore de travers, la rondeur bombée d'une serviette défaite où le soleil intercale un morceau de velours jaune, le verre à demi vidé qui montre mieux ainsi le noble évasement de ses formes et au fond de son vitrage translucide et pareil à une condensation du jour, un reste de vin sombre mais scintillant de lumières [...].« (PL II, S. 224).

Der Erzähler ist nunmehr in der Lage, Interesse aufzubringen für prosaische und moderne Sujets in der Tradition von Baudelaires Eloge der Gegenstände in der Malerei von Constantin Guys.[2] Die Prosa soll – wir werden darauf zurückkommen – die Materie und die Form der Kunst gleichermaßen wiedergeben. Daher vermag das letzte Merkmal »changer mon pot de chambre en vase de parfums« nicht zu erstaunen. Nicht nur, daß es objektiv gesehen gerechtfertigt erscheint, realisiert es zudem das doppelte Prinzip der poetischen Rückgewinnung des Prosaischen und der Prosaisierung der Kunst. Diese Konfrontation von Prosa und Poesie erklärt überdies die Bedeutung der Orte, an denen die Gerichte zubereitet und konsumiert werden, das heißt die Küche und das Eßzimmer, mit ihren Utensilien, Möbeln und ihrem Tafelgeschirr. Vergleichbar der Tradition holländischer Malerei – reaktualisiert durch die Ästhetik Hegels, wieder aufgenommen von Baudelaire in einigen seiner Prosa- und Versgedichte, weitergeführt durch Huysmans und Claudel –, wird Françoises Küchengeschirr ebenso verherrlicht wie die Teller mit den Abbildungen aus *Tausendundeine Nacht*, deren Bildlegenden Tante Léonie so gerne zu dechiffrieren sucht (PL I, S. 56), und die vielfältigen unterschiedlichen Gerüche des Eßzimmers: der Kirschen und Aprikosen, des Gruyère, der Möbel und selbst des Wachstuchs. Man erinnert sich, daß es die Evokation eines Eßzimmers in der Provinz mit seiner Frische ist, die mit der Wärme draußen aufs deutlichste kontrastiert, die eben jenen schönen Vormittag charakterisiert, der der Flucht Albertines in *La Prisonnière* vorangeht.

Im Vergleich zu den Mahlzeiten im familiären Kreis liefern die mondänen Diners nur wenig Informationen über die Menüs und die Küche: Gemäß der romanesken Tradition des 19. Jahrhunderts sind es hier vor allem die Orte der Begegnung und der Konversation, die beschrieben werden. Dies ist besonders evident für die Diners bei Mme Verdurin. In Paris wie in La Raspelière, zur Zeit Swanns und Odettes ebenso wie zu der des Erzählers und Albertines, ist die Patronne häufig in Sorge, ihre Gäste könnten über dem Wunsch, sich durch ihre Reden in Szene zu setzen, das Essen gar ganz vergessen. Bei dem Diner, das die Einführung eines »Neuen« (des Grafen von Forcheville) in den kleinen Kreis beschreibt (PL I, S. 251), rühmt der Maler das Talent eines Meisters, dessen Kunst nur schwer zu beschreiben ist. Die Geschichte fasziniert alle Zuhörer, nur Mme Verdurin gibt sich reserviert: »[...] nous voulons seulement que vous mangiez, et que mon mari mange aussi; redonnez de la sole normande à Monsieur, vous voyez bien que la sienne est froide. Nous ne sommes pas si pressés, vous servez comme s'il y avait le feu, attendez donc un peu pour donner la salade.« (FA I, S. 371)

Der Vorwurf, der an einen Bediensteten gerichtet ist, macht zwei widersprüchliche Forderungen deutlich: die Eingeladenen aus Höflichkeit in dem ihnen eigenen Rhythmus speisen lassen, ohne das Essen unnötig in die Länge zu ziehen. (Mme de Verdurin selbst findet keinen Gefallen am Essen, weshalb sie sich durch Gesellschaftsspiele und musikalische Darbietungen diesem zu entziehen sucht.) In *Sodome et Gomorrhe* ist es der Diskurs Brichots über die Etymologien, der die Aufmerksamkeit der Gäste – insbesondere des norwegischen Philosophen – auf sich zieht und das Essenstempo verlangsamt (PL

III, S. 322): »Non, c'est le moment de manger, interrompit Madame Verdurin qui voyait que le dîner n'en finissait pas.«

Wenn der Fremde begierig erscheint zu wissen, ob die Küche der Verdurins die feinste französische Küche überhaupt sei, so ist er der einzige. Während des Abendessens, bei dem ausschließlich Aristokraten zu Gast sind (die Cambremers, Charlus), zeigt sich der Maler Ski entzückt über den Erdbeerschaum – aus ästhetischen Gründen: »›Mais c'est ra-vissant. Il faudrait faire déboucher des bouteilles de château-margaux, de château-lafite, de porto [...] vous en remplirez tous nos verres, on apportera de merveilleuses pêches, d'énormes brugnons, là en face du soleil couché; ce sera luxuriant comme un beau Véronèse.‹ – ›Ca coûtera presqu'aussi cher‹, murmura M. Verdurin. – ›Mais enlevez ces fromages si vilains de ton‹, dit-il en essayant de retirer l'assiette du Patron, qui défendit son gruyère de toutes ses forces.« (PL III, S. 330).

Wenn solche Tafelsituationen der Küche selbst wenig Interesse entgegenbringen, so ist dies bei ihren Ritualen weit weniger der Fall – vor allem, wenn man diese mit anderen Soireen vergleicht. Die Verdurins legen eine gewisse Idee von Nicht-Konformismus zu Grunde, der ihre Getreuen zu folgen haben. Sie laden nicht zum Abendessen ein, bei ihnen hat man an festgelegten Tagen sein Gedeck (PL I, S. 186). Der schwarze Anzug wird verteidigt, befinde man sich doch unter Freunden – um nicht den sogenannten Langweilern zu ähneln. Die Konversation ist frei – sowohl, was die Wahl des Sujets, als auch, was die Art des Sprechens angeht: Derart ist die Vulgarität des Malers, der Ausdrücke gebraucht wie »fait avec du caca«, unter den Getreuen der Patronne durchaus statthaft. Auch die Launen einiger Getreuen sind zulässig: der Musiker spielt, wenn er dazu Lust hat (PL I, S. 186), und Ski steckt sich sogar während des Abendessens seine Zigarette an (PL III, S. 330).

Ganz anders das Ritual der Diners bei den Guermantes. Der

Erzähler schildert ausführlich das erste Abendessen, zu dem er eingeladen wird, und schließt mit einem mehrseitigen Kommentar (PL II, S. 777-778, S. 792 und S. 802-803). Wieder einmal erfährt der Leser wenig über die Küche, lediglich, daß sie den Luxus zur Schau stellt: an einem Abend Fettammern und Château-Yquem, an einem anderen »Poulet financière« – so genannt, weil seine Sauce aus Trüffeln besteht, dem Leckerbissen generöser Bauern des Ancien régime – als Vorspeise grüner Spargel (»devant être mangées avec des œufs«). Ein Umstand, der es Proust erlaubt, eine befreundete Herzogin und Autorin eines *Almanach des bonnes choses de France* ebenso zu zitieren wie die Ehefrau seines Freundes Daudet, Verfasserin eines gastronomischen Werkes, *Les Bons plats de France*. Die Konversation rund um die Gerichte ist Anlaß für Mme de Guermantes (die vor allem Wert darauf legt, daß alles, was bei ihr serviert wird, exquisit ist, selbst aber über ein unzureichendes Geschmacksempfinden verfügt[3]), den sparsamen Haushalt ihrer Cousine d'Heudicourt zu beschreiben (»il y aura sept petites bouchées à la reine ... alors c'est que nous serons au moins huit!«) und Mme de Villeparisis, die halbverfaulte Eier (»œufs pourris«) und Rautenscholle in Karbolsäure (»une barbue qui sent l'acide phénique«) serviert (PL II, S. 794; FA III, S. 707). Jedoch ist der Höhepunkt dieser erlesenen Diners – der Akt des Essens und Trinkens –, wie Proust humorvoll schreibt, nicht unentbehrlich. Der Erzähler hat das Gefühl, einer Art sozialem Abendmahl beizuwohnen. Alle Vergleiche sind dem Bereich der Ikonographie und der christlichen Redewendungen entnommen: die Gäste der heiligen oder der mystischen Tafel erinnern an die Jünger des heiligen Abendmahls (auch sie sind zwölf an der Zahl), das Essen gemahnt an eine soziale Kommunionsfeier. Es handelt sich nicht länger um treue Bourgeois, wie bei den Verdurins, sondern um Mitglieder derselben Familie (des alten Frankreich des Faubourg Saint-Germain), was es in gewisser Hinsicht erlaubt, die Diners zu den Mahlzeiten in Combray in Beziehung zu setzen (anläßlich deren es ja auch bereits eine Anspielung auf christliche Skulptur und Architektur gab [PL I, S. 70]). Proust bleibt jedoch nicht dabei stehen, traditionelle und aristokratische Traditionen zu vereinen, die Gesichter und die Sprache des einen und des anderen, man bemerkt auch, daß der Herzog von Guermantes – ohne dadurch ein Äquivalent zu Françoise zu bilden – nicht der einzige Mann ist, der an der Kochkunst partizipiert: die Fettammern werden nach eigens von ihm entwickelten und variierten Rezepten zubereitet.

Auf der anderen Seite ist auch eine Gemeinsamkeit zwischen den Diners bei den Guermantes und denen im Hause Verdurin zu konstatieren: die Fruchtsäfte, insbesondere die Orangeade. Getränke, die in sich selbst bereits interessant[4] sind (vor allem für den Erzähler von essentieller Bedeutung in der einzigartigen Relation zum Durst), aber auch durch die im eigentlichen Sinne romanesken Zwischenfälle, zu denen sie Anlaß geben. Halten wir kurz zwei Episoden fest: In *Sodome et Gomorrhe* formuliert der Baron de Charlus während seiner ersten Einladung bei den Verdurins seine unvergeßliche Replik (PL III, S. 356). Auf die Frage Mme Verdurins »Avez-vous pris de mon orangeade?« antwortet er in einem Duktus, der keinen Zweifel an seinen sexuellen Vorlieben läßt: »Non, j'ai préféré la voisine, c'est de la fraisette, je crois, c'est délicieux«. Und bei den Guermantes gibt es dank der Intervention des Erzählers nun neben der rituellen Orangeade auch eine Karaffe mit eingemachtem Kirsch- oder Birnensaft. Dies ist Anlaß eines Konflikts mit dem Fürsten von Agrigent (PL II, S. 802), der mit einem Anflug von Begierde sein Lieblingsgetränk für sich reklamiert. In dieser Passage werden Farbe und Konsistenz des Safts evoziert, die sich zwischen dem flüssigen und dem Zustand des Kompotts bewegt, worin sich offensichtlich eine persönliche Vorliebe Marcel Prousts erkennen läßt.

Die Diners mit Saint-Loup unterscheiden sich indes grundlegend von den anderen in der *Recherche* geschilderten Eßsituationen und weisen einige Besonderheiten auf: Nicht nur in ihren zahlreichen Verweisen auf Nahrung, Getränke, Bedienung und Atmosphäre, sondern auch in der subjektiven Ausrichtung des Berichts – der sich lang und breit über einige Affekte des Erzählers ausläßt, während er andere verschleiert – und in der Rhetorik der Beschreibungen. Text wie Erzähler reißen den Leser mit in rätselhafte Gewässer, auch wenn der Leser erkennt, worum es sich hier handelt: das reine physische Vergnügen, in seiner gebieterischen Grausamkeit.

Die Sequenz im Restaurant von Rivebelle findet sich zu Beginn von *A l'Ombre des jeunes filles en fleurs* (PL, II, S. 167 bis 173). Sie steht unter dem Einfluß alkoholhaltiger Getränke (Bier, Champagner, Portwein), die ohne Mäßigung von Saint-Loup getrunken werden (man wird später erfahren, daß er Alkoholiker ist) und – Überraschung! – auch vom Erzähler.[5] Alle Sequenzen mit Saint-Loup sind Sequenzen der Trunkenheit, und Proust unternimmt es, die Effekte zu beschreiben – physische (Schwindel, Schwanken), psychologische (Absenz der Angst) – und zu reflektieren. Wenn der Erzähler glaubt, in Rivebelle die Gültigkeit eines subjektiven Idealismus zu erleben (die Welt existiert nur gemäß meiner Vorstellung), so gilt dies nicht für eine andere Sequenz mit Rachel (PL II, S. 468-469), als er in einem Spiegel sein beklagenswertes Bild entdeckt. Eine weitere Überraschung für den Leser, der glaubt, den ästhetischen Geschmack des Erzählers zu kennen: Es handelt sich dabei um ein Diner in einer Szenerie und verbunden mit einem »spectacle«, das – selbst bei einem gemischten Publikum – vulgär erscheint. Jedes der musikalischen Motive – »arrangement de valses, d'opérettes allemandes, de chansons de cafés-concerts« – suggerieren dem Erzähler »un secret de volupté«: »il me reluquait, venait à moi d'une allure capricieuse ou canaille, m'accostait, me caressait« (PL II, S. 169). Der Erzähler ist sich der träumerischen Blicke unter den Hüten unbekannter Frauen ebenso bewußt wie der melancholischen, auf einen fernen Traum gerichteten Blicke der jungen Diener (man glaubt hier Baudelaire zu lesen, wie er über Delacroix und Constantin Guys schreibt). Die Diener, die das »Agneau de Pauillac«, den Lammbraten mit den gedämpften Äpfeln, und die Schokoladensoufflés servieren, erinnern in ihren ebenso schwindelerregenden wie geordneten Bewegungen an das Kreisen von Planeten. Die Atmosphäre ist kosmisch und ordinär zugleich bis hin zur Roheit; es ist die reine Begierde, die – auf einen Schlag – den Erzähler die Regeln der Hygiene, die zu beschreiben er sich angeschickt hatte, vergessen läßt: jene Regeln, für deren Garantie vor allem die Großmutter, die Eltern und die arme Albertine stehen, die weniger verführerisch erscheinen als die vulgärste der Vorübergehenden. In dem Raum, den das Aquarium evoziert, in einem dämmerigen Licht, scheint auf einmal brutal ein ganz anderes Gesicht des Erzählers auf, als die ersten Bände der *Recherche* es uns vermittelt haben.

Die zweite Sequenz ist die im Restaurant von Doncières – die Stadt, in der die Garnison Saint-Loups stationiert ist (PL II, S. 397-398 und S. 416-417). Zwei Merkmale unterscheiden diese Passage von der vorherigen: Es gibt nur Männer, und das Essen ist ein der großen Schlemmereien des Mittelalters und der Renaissance würdiger Festschmaus (das ist es, was die zahlreichen Vergleiche mit flämischer Malerei und der Bibel suggerieren). Es handelt sich in der Tat um ein Essen, das, betrachtet man die Beschaffenheit und die verschwenderische Fülle der Speisen, die Verschwendung der Reste (man kann offensichtlich nicht alles essen) und die rote und schwarze Gewalt des Spektakels, von einem Aufwand ohne Grenzen zeugt. Die Nahrung besteht zu einem großen Teil aus Fleisch: Hähnchen und Spanferkel sowie Wildbret auf einem Spieß oder Bratrost zubereitet. Es handelt sich zweifelsohne weniger um eine populäre Küche – naiv und großzügig –, wie einige Aspekte des Textes glauben machen möchten, als um eine grundlegend aristokratische, wie sie der Vorstellung nach die schlimmsten kriegerischen Verwüstungen und Ausschweifungen bestimmt. Wie bei Sade haben wir es dabei mit der Küche einer bestimmten Klasse zu tun, die in einem sorgfältig abgeschlossenen Raum serviert wird und die Anlaß ist einer Anzahl unterschiedlicher Diskurse und einer Reflexion über die Sinnlichkeit. Es ist die Rede vom Krieg, dreht sich die Konversation doch um die Strategie großer Schlachten. Was die Ausschweifung anbelangt, so ist sie nur in Anspielungen gegenwärtig, etwa durch die Eilfertigkeit der »célestes serviteurs« und der blonden Haare eines jungen musizierenden Engels, der vor einem Stapel Teller vor sich hindöst – schönes potentielles Opfer einer Roheit, die hier auf die Ebene des Kochens transponiert wird. Eines gewalttätigen Kochens, auf offener Flamme, ohne Vermittlung einer Kasserolle, um so gewalttätiger, als es sich ohne Unterbrechung dem Tod des Federviehs anschließt. Auch die Hummer werden lebend in siedendes Wasser geworfen. Der Erzähler bemerkt lakonisch, daß die raffinierten Gerichte seiner Imagination ebenso Nahrung geben wie seiner Naschsucht. Es ist interessant, dieses Festessen im Kontext eines früheren, privaten, im Zimmer Saint-Loups zu betrachten, das im Anschluß an die Insistenz des Erzählers stattfindet, hier trotz des militärischen Reglements nächtigen zu wollen (PL II, S. 379-380). Nach dem gebratenen Rebhuhn und dem Genuß des Champagners bilden sich Schweißtropfen auf der Stirn und Tränen in den Augen. Am nächsten Morgen entdeckt er die Landschaft in ihr Morgengewand aus Nebel gehüllt: »je ne quittais pas des yeux cette étrangère qui me regardait pour la première fois«. Ist es zulässig, in diesem Verweis ein Geständnis zu erblicken – der Entdeckung einer anderen *terra incognita* als der Albertines?

Der Geschmack ist auch unauflöslich mit den Beziehungen

verbunden, die der Erzähler zu den jungen Mädchen unterhält. Gebäck und Süßigkeiten begleiten die Äußerungen und die Spiele, die das Verlangen und die Verwirrung des Erzählers verdeutlichen. Die Einladung Gilbertes, die er, wir erinnern uns, an einem Süßwarenstand auf den Champs-Elysées kennengelernt hat, bedeutet für ihn eine märchenhafte Initiation: der Eintritt in den Serail Swanns. Ebenso wie Odette in ihrem Salon die Teegesellschaft empfängt und mit den Törtchen der besten Konditoren von ganz Paris verwöhnt, so zieht ihre Tochter ihre Gäste in einen Kindheitstraum: ins Land der Confiserie. Ihr Schokoladenkuchen (PL I, S. 475) ist eine Art Schloß, kunstvoll dekoriert, das wie die Diners mit Saint-Loup die Augenlust weckt. Der Erzähler wird von einer Trunkenheit befallen (»je ne savais plus ce que je faisais«) und beendet damit seine Diät: er ißt von dem Kuchen und trinkt Unmengen von Tee, obgleich er weiß, daß er danach krank sein wird.

Es ist dasselbe mit Albertine. Die erste Begegnung im Atelier von Elstir (PL II, S. 226) zeigt den Erzähler, wie er sich Zeit nimmt, noch ein Mokkaeclair zu verspeisen, bevor er dem jungen Mädchen vorgestellt wird: es ist möglicherweise die einzige Situation im Roman, wo eine Gaumenlust zur Schau gestellt wird, die ein sinnliches oder amouröses Begehren übertrifft. Der letzte Spaziergang mit Albertine in *La Prisonnière* endet in einer Patisserie, in der der Erzähler meint, Augenzeuge eines Blickwechsels zwischen Albertine und der Kellnerin zu werden. In der Zwischenzeit hat er Gaumenfreuden mit der *petite bande*, der kleinen Schar, auf den Klippen von Balbec genießen können. Der Text ist hier besonders köstlich: »Mes amies préféraient les sandwiches et s'étonnaient de me voir manger seulement un gâteau au chocolat gothiquement historié de sucre ou une tarte à l'abricot. C'est qu'avec les sandwiches au chester et à la salade, nourriture ignorante et nouvelle, je n'avais rien à dire. Mais les gâteaux étaient instruits, les tartes étaient bavardes. Il y avait dans les premiers des fadeurs de crème et dans les secondes des fraîcheurs de fruits qui en savaient long sur Combray, sur Gilberte, non seulement la Gilberte de Combray, mais celle de Paris aux goûters de qui je les avais retrouvés. Ils me rappelaient ces assiettes à petits fours, des *Mille et une Nuits*, qui distrayaient tant de leurs ›sujets‹ ma tante Léonie [...]«[6] (FA II, S. 689).

Die Gaumengenüsse sind eng mit den Spielen verbunden. Während sie Süßigkeiten auf den Champs-Elysées naschen, machen Gilberte und ihre Freundinnen ihre Übungen am Reck, sie fliegen geradezu. Andere Spiele sind weniger unschuldig: das Versteckspiel findet auf dem Körper Gilbertes seine Fortsetzung, die den Erzähler auffordert, hier nach einem Brief zu suchen: »je répandis, comme quelques gouttes de sueur arrachées par l'effort, mon plaisir auquel je ne pus pas même m'attarder le temps d'en connaître le goût« (PL I, S. 485). Auf den Felsklippen, während Törtchen und Sandwiches verschlungen, zärtliche Worte, Blicke und »billet doux« gewechselt werden, spielt die *petite bande* »Bäumchen wechsel dich« und »Wer zuerst lachen muß« oder »Ringlein, Ringlein, du mußt wandern«, Spiele, die ein heimliches und wohldosiertes Berühren der Hände ermöglichen und die das Pfand den »Opfern« zuteilen: alle diese Spiele haben eine ebenso unschuldigkindliche wie erotische Dimension. Sie implizieren eine bestimmte Art des Körperkontakts mit den jungen Mädchen (leichte Berührungen vor allem der Hände), die in enger Beziehung mit einer Bedeutung des Verbs »goûter«, *schmecken, kosten* steht: »goûter« bedeutet nicht *essen*, noch viel weniger *verschlingen*, sondern *den Geschmack genießen, schmecken, probieren*. Die Mädchen sind wie die Hähnchen, die Françoise zubereitet: was der Erzähler schätzt, ist vor allem das Aroma ihrer Haut. Proust ist an dieser Stelle sehr deutlich (PL II, S. 246-247): »Les hommes, les jeunes gens, les femmes vieilles ou mûres avec qui nous croyons nous plaire, ne sont portés pour nous que sur une plane et inconsistante superficie parce que nous ne prenons conscience d'eux que par la perception visuelle réduite à elle-même; mais c'est comme déléguée des autres sens qu'elle se dirige vers les jeunes filles; ils vont chercher l'une derrière l'autre les diverses qualités odorantes, tactiles, savoureuses, qu'ils goûtent ainsi même sans le secours des mains et des lèvres; et, capables, grâce aux arts de transposition, au génie de synthèse où excelle le désir, de restituer sous la couleur des joues ou de la poitrine, l'attouchement, la dégustation, les contacts interdits, ils donnent à ces filles la même consistance mielleuse qu'ils font quand ils butinent dans une roseraie, ou dans une vigne dont ils mangent des yeux les grappes.«

Vergleicht man die vier Tischsituationen aus der *Recherche*, lassen sich zahlreiche Gegensätze herausstellen, sowohl was die Substanz der Nahrung anbelangt als auch die Art ihrer Wahrnehmung durch den Erzähler und die Relation von Gaumenlust und anderen Sinnen und Freuden.

Das Proustsche kulinarische Dreieck[7] ermöglicht es, drei Kategorien gegenüberzustellen: das Rohe und das Gekochte durch direkten Kontakt mit der Flamme sowie das im Kochtopf oder im Ofen »Gekochte«, d. h. Zubereitete. Das Rohe wird durch unterschiedliche Natur- oder wenig bearbeitete Produkte repräsentiert: Früchte, Gemüse, Honig, Eis, Orangen-, Birnen- und Kirschsaft, Kompott. Wie Roland Barthes schrieb: »c'est le Composé, non le Simple, qui étanche la soif, le désir.«[8] Es korrespondiert deutlich mit den Präferenzen des Erzählers, seiner Vorliebe für das Frische, die er mit Albertine teilt, aber auch mit anderen Gästen, sogar mondänen – bezeichnenderweise mit der Ausnahme von Saint-Loup. Das Gekochte als Gegrilltes – Geflügel, Rindfleisch, Wildbret – ist grundlegend, aber nicht nur, für die Diners mit Saint-Loup – reichlich begossen mit Alkohol. Das Gekochte durch Vermittlung eines Behälters verbindet unterschiedliche Tischsituationen: die familiäre und, dank der Torten, die mit den jungen Mädchen.

Das Dreieck der Perzeptionsarten stellt die Nahrung als Sprache, als Schauspiel und als Geschmack gegenüber. Einige Speisen verlocken durch die Tatsache, daß über sie geredet wird (etwa durch Françoise, deren Diskurs der Erzähler wiedergibt), daß sie marktschreierisch beworben werden (von den Pariser Händlern, wodurch die Begierden des Erzählers und Albertines erst entfacht werden). Andere offerieren ein Schauspiel durch ihre Art der Zubereitung (Doncières), ihre Farbe (der Erzähler sagt, er präferiere Quark mit Erdbeeren wegen der rosa Farbe[9]). Angepriesen zu werden oder gesehen bewahrt einige Nahrungsmittel vor dem Ekel: Austern, Schnekken. Andere – seltenere – werden auf Grund ihres Geschmacks, ihres Geruchs oder ihrer Konsistenz geliebt (Hühnerfleisch, Brot, Schokoladen- oder Cremegebäck). In diesem Ensemble zählen neben den Gaumenfreuden auch die Namen der Gerichte – jedoch müssen sie häufig der Augenlust den Vortritt lassen.

Das Triangel der *plaisirs* setzt sich zusammen aus den Freuden der Konversation, des Spiels und der erotischen Beziehungen. Die Mahlzeiten in Combray vereinen die Freuden der Küche, des ländlichen Tratsches und der Masturbation während der Mittagsruhe. Die mondänen Diners zeigen wenig Interesse für den Inhalt der Teller, da sie vor allem Gelegenheit zur Konversation geben: mondäner Klatsch, gelehrtes Geschwätz, geistreiche Gespräche. Sie geben Gelegenheit zu einer nichtsexuellen Unruhe, auch wenn einige Worte oder Zwischenfälle manches Mal die Präsenz des Sexuellen deutlich machen (so der unbedeutende Streit über den Kirschsaft zwischen dem Erzähler und dem Fürsten von Agrigent). Die Mahlzeiten mit den Mädchen verbinden Geschmack und erotische Spiele, während die militärischen Diners weniger die Naschsucht des

Erzählers befriedigen als seine Imagination beim Anblick des Gebratenen: im Kontakt mit den jungen Männern an einem abgeschlossenen Ort, durch die Konversation über ein einziges Thema (die Strategie der Armee), durchdrungen von Affekten (Kameradschaft, Eifersucht, Homosexualität), in einer Atmosphäre der Vernachlässigung von traditionellen und hygienischen Grundregeln.

Die Dreiecke ermöglichen es, jeder der Tischsituationen, die wir analysiert haben, ihren Koeffizienten zuzuordnen, um die Bedeutung ermessen zu können, die den kulinarischen Kategorien, den Arten der Wahrnehmung der Speisen und Getränke sowie den damit verbundenen Freuden grundsätzlich zukommt. Sicher hat dies nicht systematisch zu geschehen. Es gibt in der Tat Elemente und Aspekte, die es erlauben, von einem zu einem anderen System zu wechseln. Man kommt von den Diners bei den Verdurins zu denen der Guermantes mittels der Orangeade, die auch zu den Teegesellschaften Swanns, Odettes und zu Albertine führt; man kommt von Saint-Loup zu Albertine und zu Charlus mittels des Champagners; man kommt von den Mahlzeiten in Combray zu dem Picknick mit der kleinen Schar mittels der Teller mit Motiven aus *Tausendundeine Nacht*, zu den Diners mit Saint-Loup mittels der gegrillten Hähnchen, zu den Diners bei den Guermantes mittels des Spargels. Die Vorliebe für alles Frische verbindet das Wasser der Vivonne, die Karaffen mit den Fruchtsäften, den Cidre – ohne von den Orten zu reden: das Zimmer von Combray, das Arbeitskabinett des Onkels Adolphe, die Toilettenhäuschen der Champs-Elysées-Anlagen, das Eßzimmer zur Mittagszeit.

Sosehr es zutrifft, daß die Lehrzeit des Erzählers durch die unaufhörliche Zirkulation der Worte, der Schauspiele und des Geschmacks vonstatten geht, so sehr manifestiert sich das Genie des Autors durch ihre Transposition in sinnliche oder ästhetische Register: Zirkulation und Transposition, die zugleich die Materie und die Form des Romanzyklus *À la recherche du temps perdu* sind.

> *Übersetzung aus dem Französischen von*
> *Kirsten von Hagen und Claudia Hoffmann.*

1 Norpois ist der einzige ausgewiesene Gourmet der *Recherche*. Auf den Seiten über Venedig (*Albertine disparue*) skizziert Proust eine Mahlzeit mit Mme de Villeparisis, bei der beide bedauern, daß niemand mehr in der Lage ist, Desserts von früher zuzubereiten: »›On ne sait plus rien faire, je ne sais pas si vous vous rappelez autrefois chez ma mère on réussissait si bien ce qu'on appelait une crème renversée. On pourrait peut-être leur en demander une – Cela ne s'appelait même pas encore une crème renversée, cela s'appelait‹, dit M. de Norpois en mettant le mot comme entre guillemets, des œufs au lait; ce qu'ils vont vous donner ne sera pas fameux. Les œufs au lait c'était onctueux, cela avait une patine, vous vous rappelez« (PL IV, S. 701).
2 Charles Baudelaire, »Le peintre de la vie moderne«, *Écrits sur l'art*.
3 Sie serviert, wie der Erzähler glaubt, schlechten Cidre.
4 Ich möchte den Leser in dem Kontext gerne auf folgenden, von mir verfaßten Artikel aufmerksam machen: »La comédie de la soif«, in: Raymonde Coudret/Guillaume Perrier (Hg.), *Marcel Proust. Surprises de la Recherche*, Paris 2004, S. 183-197.
5 Der Leser erinnert sich jedoch, daß der Erzähler bereits auf seiner Reise nach Balbec mit der Großmutter alkoholhaltige Getränke zu sich genommen hat, um die Reiseangst etwas zu mildern (PL II, S. 11-12).
6 An dieser Stelle ist ein Unterschied zwischen den Mädchen beobachtbar, die gesalzene Speisen bevorzugen und dem Erzähler, der für süße schwärmt.
7 Wir entlehnen diesen Ausdruck von Claude Lévi-Strauss, »L'Origine des manières de table«, in: *Mythologiques*, Paris 1968, S. 403 ff.
8 Roland Barthes, *Sade, Fourier, Loyola*, Paris 1971, S. 121.
9 Man kennt die Bedeutung dieser Farbe für Marcel Proust: die Dame in Rosa (Odette), die rosafarbenen Wangen der kleinen Verkäuferinnen, der Weißdorn.

Gerhard Neumann
Liebes- und Gedächtnismahl.
Zum Zusammenhang von Ursprung und
Eucharistie in Prousts »Recherche«

In Franz Kafkas Prozeß-Roman findet sich eine Stelle, die das Grundanliegen des Autors sehr klar ausspricht; vielleicht sogar zu klar seiner eigenen Auffassung nach, und das mag der Grund gewesen sein, warum Kafka diese Stelle im Manuskript schließlich wieder gestrichen hat. Es ist Josef K., der spricht, und die Stelle lautet folgendermaßen: »Jemand sagte mir, ich kann mich nicht mehr erinnern, wer es gewesen ist, daß es doch sonderbar sei, daß man, wenn man früh aufwacht, wenigstens im allgemeinen, alles unverrückt an der gleichen Stelle findet, wie es am Abend gewesen ist. Man ist doch im Schlaf und im Traum wenigstens scheinbar in einem vom Wachen wesentlich verschiedenen Zustand gewesen und es gehört – wie jener Mann ganz richtig sagte – eine unendliche Geistesgegenwart oder besser Schlagfertigkeit dazu, um mit dem Augenöffnen alles, was da ist, gewissermaßen an der gleichen Stelle zu fassen, an der man es am Abend losgelassen hat. Darum sei auch der Augenblick des Erwachens der riskanteste Augenblick im Tag, sei er einmal überstanden, ohne daß man irgendwohin von seinem Platze fortgezogen wurde, so könne man den ganzen Tag über getrost sein.«[1]

Was Kafka hier benennt, ist die Schlüsselstruktur für die »Herstellung von Individualität« (Niklas Luhmann[2]), soweit sie in der Moderne – nach Sigmund Freud – überhaupt noch denkbar ist; der Versuch also einer Verankerung des Selbstgefühls des neuzeitlichen Ich in der Spannung zwischen Bewußtsein und Unbewußtem, zwischen Wachen und Schlaf. Wie läßt sich, so die Frage Franz Kafkas, aus dieser gespannten

Situation noch die Karriere eines Romanhelden entwickeln? Dabei geht es Kafka um die Orientierung in einer fremden, bürokratisierten Welt und um das Sich-Hineinfinden des Subjekts in eine gegebene Rechts- und Sozialordnung. »Was ist mit mir geschehen?« fragt sich denn auch der beim Aufwachen in einen Käfer verwandelte Gregor Samsa in der Erzählung *Die Verwandlung*.[3] Kafka geht es um das Erwachen *in* die Welt, die als bürokratischer Zwangsapparat erfahren wird; und es geht ihm um den orientierenden Blick des Sich-Zurechtfindens nach außen.

Auch Marcel Proust interessiert sich in seinem Romanzyklus *À la recherche du temps perdu* für diesen »riskantesten Augenblick«, wie Kafka sich ausdrückt, zwischen Schlaf und Wachen; aber sein Blick geht nicht nach außen, auf die den Erwachenden umgebende und bedrängende Welt, sondern nach innen. Es ist der Versuch, sich aus der sensuellen Erfahrung des Körpers heraus zu orientieren; und zwar im Sinne einer Suche nach dem verlorenen, dem dunklen, dem vergessenen Ursprung; also nach dem anfänglichen Sinn des im Körper schlummernden Begehrens, seiner Empfindungen und seiner Wünsche.

Prousts Romanheld, der nicht im Aufwachen, sondern im Versinken in den Schlaf Orientierung sucht, fragt nicht: »Was ist mit mir geschehen?« Seine bange Frage lautet vielmehr: »Wie fängt alles, vor allem das Rätsel des Begehrens, an, und wie finde ich dorthin zurück, wo die Wünsche entspringen, um mich selbst zu finden?« »Welchen kulturellen Sinn gibt mir das innerste und älteste Gefühl meiner selbst?« Es heißt da im Text: »Der Schlafende spannt in einem Kreis um sich den Ablauf der Stunden, die Ordnung der Jahre und der Welten aus. Beim Erwachen orientiert er sich dann nach dem Gefühl an ihnen [...]«. Und weiter wird gesagt: »[...] wenn ich mitten in der Nacht erwachte, wußte ich nicht, wo ich mich befand, und deshalb im ersten Augenblick nicht einmal, wer ich war; [...] in einer Sekunde überflog ich Jahrtausende der Menschheitsgeschichte« (FA I, S. 10 f.).

Erst allmählich setzt sich der Körper des Erwachenden, geleitet von seinem Körpergedächtnis[4], wieder zusammen. Sein Körper erinnert sich, so sagt der Protagonist, »mit dem Gedanken, den ich dort beim Einschlafen hatte und beim Erwachen wiederfand«. (FA I, S. 11).

Die Konstruktion dieses Szenarios der Ursprung-Suche hat Proust, als er seinen Roman zu schreiben begann, die größte Mühe bereitet. Zahlreiche Skizzen und Entwürfe entstehen, mit der Absicht, jenem noch Unbekannten auf die Spur zu kommen, das im Verlauf dieses »Dramas des Zubettgehens« (FA I, S. 66) eigentlich gesucht werden soll – in dieser allabendlich sich wiederholenden Urszene des Kampfes um das Ich- und Weltverstehen. Der Protagonist der *Recherche* drückt diese Ratlosigkeit scharfsichtig aus, wenn er bekennt: »Bei diesen Träumen wurde mir klar, daß, da ich nun einmal später ein Dichter sein wollte, es Zeit sei zu wissen, was ich zu schreiben beabsichtigte. Sobald ich mich jedoch danach fragte und versuchte, einen Gegenstand zu finden, dem ich eine allumfassende philosophische Ausdeutung geben könnte, hörte mein Geist zu arbeiten auf, ich fand mich einer Art von Leere gegenüber, ich fühlte, daß ich kein Genie besaß, oder hatte die Vorstellung, daß vielleicht eine Krankheit meines Gehirns es nicht aufkommen ließ.« (FA I, S. 252 f.).

Und er spricht von dem »schwarzen Loch«, »das in meinem Geiste entstand, wenn ich nach einem Gegenstand für mein künftiges Schreiben suchte.« Dieser Gegenstand des Schreibens müsse also gewissermaßen im Von-selbst-Entstehen aufgehascht werden. In der Figur Swanns, in dessen Erleben sich Marcel, der Protagonist der *Recherche*, spiegelt, wird dieses Problem wieder aufgegriffen. Als Swann im Salon der Madame de Saint-Euverte Vinteuils Sonate hört, wird er sich bewußt, daß er, in eben diesem Moment, der Entstehung eines solchen »Gegenstandes« der Kunst beiwohnt. »Wahrlich, eine vielleicht ebenso geniale Kühnheit, sagte er sich, wie die eines Lavoisier, eines Ampère ist sie, die Kühnheit eines Vinteuil!«: »Hat er nicht dank seiner Experimente die geheimen Gesetze einer unbekannten Kraft entdeckt und lenkt er nicht das unsichtbare Gespann, dem er sich anvertraut und das er niemals erblicken wird [...].« (FA I, S. 508).

Eine solche Suche, eine solche »quête« nach einer unbekannten, das Leben steuernden Kraft – um im Vokabular des mittelalterlichen Romans der Abenteuersuche zu reden – kann man auch im Agglomerat der Skizzen und Entwürfe beobachten, in denen Proust mit dem Anfang seines Romans und dem darin zu verfolgenden Thema ringt, der Frage nämlich nach der Quelle kultureller Orientierung im sensuellen Begehren, das Leben hervorbringt: eine »recherche« nach dem sexuellen Begehren zunächst, nach der Lust am Geschmack der Nahrung sodann.[5] Diesen Experimenten Prousts um den Ursprung des Begehrens möchte ich mich nun zuwenden.

II

Eine erste Studie aus den Vorarbeiten zur *Recherche* (Vgl. PL I, Esquisse I) zeigt das Erwachen des Helden um Mitternacht. Er kann nicht einschlafen, er empfindet sich als desorientiert in Raum und Zeit.[6] Aber diese Krise des Sich-Findens auf der Grenzscheide zwischen Wachen und Schlafen erweist sich zuletzt als die Unruhe, ob ein Artikel, den der Protagonist über Sainte-Beuve verfaßt hat, im *Figaro* erschienen ist oder nicht (PL I, Esquisse I.2, S. 635). Es ist schließlich die Mutter, die ihm den noch druckfrischen Artikel bringt[7] (PL I, Esquisse I.2, S. 636).

Was diese erste Skizze zeigt, ist mithin eine Autorphantasie; enthaltend den Wunsch des im Halbschlaf Liegenden, zum

Schrift-Werk zu erwachen, und den damit verknüpften Wunsch nach der Stabilisierung der Identität durch Text-Produktion und Text-Publikation. Eine weitere Studie zum Romananfang setzt dann den Akzent der Suche nach der »unbekannten« Lebenskraft anders. Hier ist es nicht die Schrift, sondern der Traum, der Offenbarungen des Lebenssinns verspricht – eine Kindheitserinnerung zuerst, an eine Bestrafung in der Schule durch Abschneiden der Locken (PL I, Esquisse II.2, S. 641); dann eine erotische Traumphantasie (PL I, Esquisse II.2, S. 642). Sie ist für Proust gleich von Anfang so klar profiliert, daß sie in allen späteren Varianten des Romanbeginns – also von den Entwürfen bis hin zum Endtext – gleich und unverändert bleibt. Sie lautet in definitiver Formulierung: »Wie Eva aus einer Rippe Adams, so entstand manchmal, während ich schlief, aus der falschen Lage meiner Schenkel eine Frau. Sie war ein Gebilde der Lust, die in mir hochstieg, doch stellte ich mir vor, diese Lust würde mir von ihr geschenkt.« (FA I, S. 9).

Hier stößt der Held des Romans zum ersten Mal auf sein eigentliches Thema, die »unbekannte«, rätselhafte Kraft, deren Geheimnis er entschleiern möchte. In der »Esquisse II.2« heißt es hierzu erhellend: »Qu'elle était reposante pour mes yeux cette obscurité mystérieuse qui me semblait venue là sans que je m'en fusse aperçu, plus reposante encore pour mon esprit qui sentait qu'il était suspendu pour une seconde encore comme dans ce hamac délicieux au-dessus de la terre, sans plus saisir l'enchaînement des effets et des causes.« (PL I, Esquisse II.2, S. 642). »Wie beruhigend für mein Auge war dieses geheimnisvolle Dunkel, das eingetreten war, ohne daß ich es bemerkt hätte; beruhigender noch für meinen Geist, der merkte, daß er noch für einen Augenblick wie in einer wundervollen Hängematte über der Erde schwebte, ohne die Verkettung von Wirkungen und Ursachen wahrzunehmen.« [G. N.]

Worauf es hier ankommt, ist die Geburt des Rätsels der Erotik aus der Empfindung, aus dem Gefühl, nicht aus dem Intellekt. Es gibt keine vernünftige Kette der Ursachen und Wirkungen, sondern nur ein dunkles Mysterium, das nicht erkennen läßt, ob es die Frau ist, die das Begehren des Knaben weckt, oder ob es das Begehren ist, das das Phantasma der Frau, das erotische Idol aus sich entläßt. Was ist das Rätsel des Begehrens, so lautet die Frage, und zwar noch vor der Differenzierung der Geschlechter: Darauf sucht dann eine der nächsten Skizzen Prousts (PL I, Esquisse II.3) eine abermals anders akzentuierte Antwort zu finden. Dieser Entwurf greift ein striktes Tabu-Thema der Literatur – nicht nur um 1900 – auf, die sexuelle Selbstbefriedigung des Heranwachsenden, »le plaisir solitaire« (PL I, Esquisse II.3, S. 643), wie es im Text heißt; nur höchstens dann in einer literarischen Darstellung entschuldbar, wenn es dem Schriftsteller gelingt, das hier entstehende Gefühl zu auratisieren, die Empfindung von aller Erdberührung zu lösen – so, wie Seerosen, gleichsam ohne Stiel, auf dem Wasser schwimmen: »[...] ce charme d'être détâchées de tout lien avec la terre, de s'y épanouir comme des fleurs d'eau, et donner en somme le parfum de cet âge [l'âge de l'enfant] comme tout ce qui a disparu avec lui, poétique ou non, comme une chaude journée peut être évoquée aussi bien par le bourdonnement des mouches dans la chambre, que par le parfum des lilas dans le parc.« (PL I, Esquisse II.3, S. 643)

In den zu Lebzeiten Prousts unpublizierten Skizzen zur Entstehung der *Recherche*, die anfangs mit dem Projekt *Contre Sainte-Beuve* verwoben sind, hat der Autor die Ablösung dieses »plaisir solitaire« von der Frau als Objekt des Begehrens als das eigentlich Ursprüngliche dieses die Kultur tragenden Urgefühls, dieser Einsamkeits-Liebe hervorgehoben und zugleich sakralisiert. Während diese Gefühle des »plaisir solitaire« dem Erwachsenen nur dazu dienten, ihn über die Abwesenheit der Frau hinwegzutäuschen – »ces sentiments, qui plus tard ne nous servent qu'à tromper l'absence d'une femme« –, gehe es dem Knaben und dem aus ihm zu gebärenden Schriftsteller mit zwölf Jahren darum, eine unbekannte, rätselhafte Lust zu suchen und zu erkunden. »Ce que je venais chercher«, heißt es da, und es ist das Thema der *Recherche* als ganzer, »c'était un plaisir inconnu, original [hier mag die Vorstellung des ›péché original‹ mitklingen], qui n'était pas la substitution d'un autre.«[8]

Entscheidend ist aber an dieser Stelle die Legierung eines erotischen Vorgangs mit einem sakralen, einem biblischen Code. Der »jet opale« des »plaisir solitaire«[9] gleiche zwar einerseits einem Kunstwerk, heißt es da, nämlich Hubert Roberts »jet d'eau de Saint-Cloud«, zugleich aber mische sich die »odeur de lilas« (PL I, Esquisse III, S. 647) mit dem »odeur âcre«; eine silberglänzende und wie natürliche Spur ziehe sich über den Zweig – »comme fait le fil de vierge«, also die Marienfäden oder der Altweibersommer. Es ist die erste Anspielung auf den religiösen Zusammenhang, der sogleich eine zweite folgt, nämlich diejenige auf die Urszene der Mensch- und Kulturwerdung im Alten Testament: »Mais sur cette branche, il m'apparaissait comme le fruit défendu sur l'arbre du mal« (PL I, Esquisse III, 646 f.). – Dieses erotische Zeichen »erschien mir auf diesem Zweig wie die verbotene Frucht auf dem Baum des Bösen«.

Hier wird von Proust, bei der Suche nach der »unbekannten Kraft«, die das Leben der Kultur vorantreibt, zum ersten Mal das für ihn entscheidende Argument genannt, in welchem Eßakt und erotischer Akt zusammenfallen; nämlich der Sündenfall aus der Genesis, das Essen vom Baum der Erkenntnis, in dem der Mensch als zeichenbildendes Wesen entsteht – Adam, der den Dingen Namen gibt und damit Kultur stiftet; ein Vorgang also, der aus einem Eßakt, dem Apfelbiß als Sündenfall des Menschenpaars, hervorgeht und zugleich damit das Bewußtsein von Sexualität und Tod erschafft. Der Sündenfall des ersten Adam, der die Heilsgeschichte, als Kulturgeschichte verstanden, in Gang bringt, findet seine Heilung im Abendmahl, das Christus am Gründonnerstag stiftet und in dem der Apfelbiß des Sünderpaars durch das eucharistische Mahl, das Verspeisen von Brot und Wein als Fleisch und Blut des Menschensohns, geheilt wird: Christus also als der zweite Adam, der den Erbschaden der Kultur durch sein Liebesmahl mit den Aposteln widerruft. Diese Motive, der Apfel (vom Baum der Erkenntnis)[10] wie auch die Transsubstantiation von Brot und Wein, werden künftig Marcel Prousts Argumentation über die »unbekannte Ursprungskraft« der Kultur begleiten – und zwar über die ganze *Recherche* hinweg.[11] Es handelt sich um die kulturanthropologische Grundeinsicht, daß der Akt der Reproduktion des Körpers zugleich der Akt der Herstellung von Kultur und kultureller Identität ist. Dieser Akt bildet gleichsam die Schaltstelle für die Transformation des sakralen in ein ästhetisches Modell, wie es sich zum Beispiel an der Gegenüberstellung von Veroneses *Hochzeit zu Kana* im Salon Carré des Louvre und dem Hotel-Bankett in Doncières in einer Skizze für *Du côté des Guermantes* ablesen läßt. Ein abermals erweitertes Szenario unter den Anfangs-Experimenten für die *Recherche* bietet schließlich die »Esquisse III« (PL I, S. 644-653). In ihr treten alle bisher aufgerufenen Momente der Erkundung der Ursprungserfahrung der Kultur zusammen: also jenes Triebpotentials, aus dem kultureller Text hervorgeht.

Da ist zunächst der Traum von der Urverletzung, das Abschneiden der Locken des Kindes, an denen der Pfarrer gezerrt hatte; da ist sodann der Ursprung des Begehrens aus der Geschlechterdifferenz, Adam, aus dessen Rippe das Phantasma der Frau geschaffen, ja herausgeboren wird; da ist des weiteren der Ursprung aus dem »plaisir solitaire« des Knaben im verschlossenen Fliederzimmer; und da ist schließlich die Evokation der biblischen Urszene im Paradies, des Essens vom Baum der Erkenntnis, der zugleich der »arbre du mal« ist und durch die Eucharistie geheiligt wird. (PL I, Esquisse III, S. 647)

Was in dieser Variante des Romananfangs aber fehlt, ist zweierlei: ein Moment, das nun *nicht mehr* auftaucht, und ein anderes Moment, das sich bislang *noch nicht* gezeigt hatte. Was, so gesehen – im Entstehungsprozeß betrachtet –, *nicht mehr* zur Sprache kommt, ist das Motiv der Geburt der Lebenskraft auf der Schrift, hier also aus dem im *Figaro* erscheinenden Artikel über Sainte-Beuve. Proust läßt das Motiv weg – und es wird auch in der definitiven Fassung des Roman-Anfangs nicht mehr auftauchen, allerdings *nach* dem Abschluß des Romans, in der Argumentation des todkranken Autors, wieder eine entscheidende Rolle spielen. Was sich hier, in diesem Entstehungsprozeß der Anfangspassage, aber umgekehrt *noch nicht* findet, ist das für die Struktur des ganzen Romans so zentrale Motiv des Gute-Nacht-Kusses der Mutter, der dann im Zentrum von Marcels, des Protagonisten, Drama des Zubettgehens stehen wird. Dieser Wechsel von der Schrift zum Kuß scheint mir das zentrale Gelenk im poetischen Argumentationsgang der *Recherche* darzustellen. Es ist, so kann man behaupten, der Code des Essens und Trinkens, der hiermit zugleich und unter der Hand zum Träger des Transfers vom einen zum anderen wird. Denn es ist doch gerade dieses Schlüsselereignis des Gute-Nacht-Kusses, in welchem Proust die drei Codes zusammenführt, mit denen er die »unbekannte Kraft« des Ursprungs, die das Thema des Romans werden soll, zu erkennen und aufzuspüren sucht: zunächst den erotischen Code im Stande der Unschuld, wie er sich zwischen Mutter und Sohn, im Augenblick des In-den-Blick-Kommens der Geschlechterdifferenz, entwickelt; hierauf den kulinarischen Code – denn der Kuß der Mutter wird zugleich als »letzte Wegzehrung« in das Dunkel des Ursprungs aufgefaßt, wie es im Text heißt (FA I, S. 42); und schließlich aber den religiösen Code, wenn davon gesprochen wird, bei diesem Kuß handle es sich um einen

»Friedenskuß« (FA I, S. 21) – er werde dargeboten »wie die
Hostie einer Friedenskommunion, bei der meine Lippen ihre
[der Mutter] leibhafte Gegenwart und die Kraft einzuschlafen«[12] empfingen (FA I, S. 22). Präsenz der Mutter und »Recherche« des Ursprungs treten hier für einen Augenblick zusammen; wobei auch der schon genannte Begriff der »letzten Wegzehrung« ja neben der kulinarischen eine religiöse Bedeutung erhält: die der »letzten Kommunion«, die dem Sterbenden gereicht wird.

Was mit dieser Kontamination verschiedener Suchmuster kultureller Ordnung erreicht werden soll, spricht übrigens Proust an dieser Stelle (PL I, Esquisse III, S. 646) deutlich genug aus. Es handle sich um eine chirurgische Operation, mit der das ursprüngliche Begehren aus dem Dunkel des Vergessens hervorgeholt werden soll, eine Operation, die zugleich Gefühlsbewegung und Entsetzen verursacht, auf der Suche nach einem »plaisir, que je ne connaissais pas«: »L'exploration que je fis alors en moi-même à la recherche d'un plaisir que je ne connaissais pas, ne m'aurait pas donné plus d'émoi, plus d'effroi, s'il s'était agi pour moi de pratiquer à même ma moelle et mon cerveau une opération chirurgicale.« (PL I, Esquisse III, S. 646). »Die Erkundung, die ich da an mir selbst auf der Suche nach einem Begehren, das ich nicht kannte, vornahm, hätte mir nicht mehr Gefühlsbewegung und Entsetzen verursacht als wenn es darum gegangen wäre, direkt an meinem Mark und meinem Hirn eine chirurgische Operation vorzunehmen.« [G. N.]

III

Es ist also ganz offensichtlich, daß Proust, bei dieser Suche nach der »unbekannten Kraft«, die das Leben trägt und auch das Riesenwerk der *Recherche* vorantreibt, verschiedene Codes verschiedener kultureller Zeichenordnungen erprobt – und zwar, um jenes ursprüngliche Begehren, das »plaisir original« der Schöpfung aufzufinden, damit aber durch Erinnerung und Evokation zum emotionalen Ursprung der Welt vorzustoßen. Als diese verschiedenen, miteinander konkurrierenden und einander komplementierenden Codes erweisen sich: die Schrift – im Zeichen des *Figaro*-Artikels über Prousts Poetik in der Vorarbeit der *Recherche* aufscheinend; die Bilder – also jene Kunstwerke, in denen Proust reale Figuren und Gegenstände und ihr kulturelles Wertpotential evoziert sieht[13]; die Erotik – als solitäre, als duale, als eine durch den Dritten bewegte und gestörte Kraft; die Religion – als christliche (katholische), aber auch als antike »Mythologie«; der Geschmack[14] – zwischen Tastgefühl und Geruch angesiedelt und wenig geeignet, mit dem Begriff des »kulinarischen Codes« bezeichnet zu werden – geht es doch im Grunde bei Proust, dem von Diät und Askese Gezeichneten, gerade nicht um das »Feinschmeckerhafte«, die Pose des Gourmets oder »Gourmands«; die Musik zuletzt – evoziert durch das kleine Thema aus der Sonate Vinteuils (FA I, S. 304).

Dabei muß man gewahr werden, daß es keines dieser Erkundungssysteme, dieser »chirurgischen Praktiken«, wie Proust selber sie bezeichnet, gibt, das er im Lauf der Entstehung seines Romans ganz zurückstellt und außer acht läßt. Aber besonders wichtig erscheint ihm wohl doch in diesem Zusammenhang der Code des Geschmacks – der freilich mit Elementen der anderen Codes gewissermaßen »getränkt« wird; der Geschmack, der seine sensorielle Position zwischen Tastsinn und Geruch behauptet: »Je fis tremper le pain grillé dans la tasse de thé, et au moment où je mis le pain grillé dans ma bouche et où j'eus la sensation de son amollissement pénétré d'un goût de thé contre mon palais, je ressentis un trouble, des odeurs de géranium, d'orangers, une sensation d'extraordinaire lumière, de bonheur; je restai immobile, craignant par un seul mouvement d'arrêter ce qui se passait en moi et que je ne comprenais pas, et m'attachant toujours à ce bout de pain trempé qui semblait produire tant de merveilles, quand soudain les cloisons ébranlées de ma mémoire cédèrent, et ce furent les étés que je passais dans la maison de campagne que j'ai dites qui firent interruption dans ma conscience, avec leurs matins, entraînant avec eux le défilé, la charge incessante des heures bienheureuses. Alors je me rappelais: tous les jours, quand j'étais habillé, je descendais dans la chambre de mon grand-père qui venait de s'éveiller et prenait son thé. Et quand ces étés furent passés, la sensation de la biscotte ramollie dans le thé fut un des refuges où les heures mortes – mortes pour l'intelligence – allèrent se blottir, et où je ne les aurais sans doute jamais retrouvées, si ce soir d'hiver, rentré glacé par la neige, ma cuisinière ne m'avait proposé le breuvage auquel la résurrection était liée, en vertu d'un pacte magique que je ne savais pas.[15]

Durch eine Umkehrung der traditionell etablierten kunstästhetischen (und epistemologischen) Hierarchie der Sinne – die Fernsinne Gesicht und Gehör stehen da obenan – gibt Proust den niedrigeren, kulturell nur schwach codierten Sinnen ihre sensualistische Unschuld zurück: Sie haben, so Proust, anders als die intellektuell gesteuerten, einen direkteren Zugang zum archaischen Quellpunkt von Welt und Ursprung. Genau dies ist ja die neue Poetologie, die Proust »gegen Sainte-Beuve« ausspielt, in jenem Essay, aus dem er ursprünglich, als einem der verschiedenen Quellpunkte, die *Recherche* sich entwickeln läßt: als den »offenen« Zugang des »sentiments« – vielleicht zutreffender mit »Sensualität« als mit »Gefühl« zu übersetzen –, der dem ritualisierten Zugang des »Intellekts« vorzuziehen sei.

Als Proust, nach seinen weitläufigen Vorstudien, endlich an seinem Roman zu schreiben beginnt, setzt er die Einschlaf- und Erwachens-Szene, das Drama des Zubett-Gehens also, an den Anfang und schließt hieran eine Art Mythos von den in den Dingen stumm liegenden und aus ihnen zu erweckenden Gefühlen an: die Idee des keltischen Aberglaubens, nach dessen Vorgabe Auratisierungen von Objekten spontan möglich werden und den Zugang zu »archaischem« Leben, und der in dieses eingelagerten Sensualität, eröffnen können. Nach der Evokation dieses Organons des keltischen Aberglaubens zur Erkundung der »unbekannten Kräfte«, die in den Dingen schlummern; also gewissermaßen nach dem »Vorzeigen« des Strukturmodells der ganzen *Recherche*, als der Auffindung des Ursprünglichen durch unwillkürliche Erinnerung, durch spontane, zufällige »Auratisierung« der Objekte, bietet Proust die Exponierung des Geschmackssinns in zwei Schlüsselszenen: der unvergeßlichen »Madeleine-Situation« einerseits; dem nicht weniger legendären Szenario der Tötung eines Hähnchens durch Françoise andererseits.

Zunächst also zur »Madeleine-Episode«: Dieses für den Verlauf des ganzen Romans entscheidende Ereignis setzt in Szene, was in den verschiedenen Anfängen des Romans schon erprobt worden ist; nämlich die Verbindung des Geschmacks-Codes mit dem religiösen und dem erotischen Code – und damit die Etablierung des Geschmacks, in seiner Konfiguration mit dem Tast- und dem Geruchssinn, als eigentlichem Leitsinn der Erinnerung[16], mithin als Wahrnehmungs- und Schreibprogramm der *Recherche*. Die Illumination des Textes der »Madeleine-Episode« durch den religiösen Code ist offensichtlich. Gebäck und Tee evozieren Hostie und Wein, das Gebäck der Pilgermuschel erscheint in frommem Faltenkleid (FA I, S. 65 ff.) – ganz offensichtlich suggestive Aufrufungen des Transsubstantiations-Geschehens. Ebenso offensichtlich aber ist die erotische Tangierung: »Ein unerhörtes Glücksgefühl, das ganz für sich allein bestand und dessen Grund mir unbekannt blieb, hatte mich durchströmt. Es hatte mir mit einem Schlag, wie die Liebe, die Wechselfälle des Lebens gleichgültig werden lassen, seine Katastrophen ungefährlich, seine Kürze imaginär, und es erfüllte mich mit einer köstlichen Essenz; oder vielmehr: diese Essenz war nicht in mir, ich war sie selbst. Ich hatte aufgehört, mich mittelmäßig, zufallsbedingt, sterblich zu fühlen. Woher strömte diese mächtige Freude mir zu? Ich fühlte, daß sie mit dem Geschmack des Tees und des Kuchens in Verbindung stand, daß sie aber weit darüber hinausging und von ganz anderer Wesensart sein mußte. Woher kam sie mir? Was bedeutete sie? Wo konnte ich sie fassen?« (FA I, S. 67).

Und nun, im Zusammenspiel von erotischem und religiösem Code, tritt noch ein drittes Moment hinzu, das für das letzte Ziel der *Recherche*, den Kunstakt selbst von Bedeutung ist – das Hinüberspielen ins Ästhetische nämlich; und zwar mit der berühmten Formel »Erforschen? Nicht nur das: Erschaffen« (FA I, S. 68).

Diesem Umgang mit der Nahrung in der »Madeleine-Episode«, der den Verzehr als Formel und Organon der Transsubstantiation begreift, wird aber von Proust noch ein anderer Aspekt solchen Umgangs entgegengestellt: die Gewalt nämlich, die im Prozeß der Nahrungskette nistet; die Tötung des Hähnchens, als zu verzehrendem Festbraten, durch Françoise. Auch hier tritt das Nahrungsgeschehen in engstem Kontakt mit einem religiösen Code zutage; aber nicht mehr dem Liebesbegriff einer eucharistischen Mahlzeit zugeordnet, sondern gebunden an die Einsicht, daß der Gewinn der Mahlzeit zugleich ein Tötungsakt ist, ein Akt der Gewalt. Daß also das Lebensopfer am Anfang der Mahlzeit steht, die bestimmt ist, Leben zu fristen. Das Hähnchen wird von Françoise, in seinem Niedrigkeitszustand, als »sale bête« tituliert; es erscheint aber in seinem Verklärungszustand, als zubereitete Speise, zugleich im Priesterornat und als Altarsakrament, sein Blut im Abendmahlskelch (Ciborium). Die Brutalität Françoises, heißt es da, die dem Hähnchen »den Hals unterhalb der Ohröffnung zu durchschneiden versuchte«, ließ dieses »in weniger vorteilhaftem Lichte erscheinen«, »als am folgenden Tage, wo es in seiner nach Art eines Meßgewandes mit Gold inkrustierten Haut und seinem köstlichen, wie aus einem Ciborium rinnenden Saft auf der Tafel figurierte« (FA I, S. 179). Um das Paradox von Nahrung, Gewalt und Sakralität noch zu verschärfen, ist von Françoises sonstiger »Sanftmut und schmelzender Güte« die Rede – unmittelbar während des gewaltsamen Tötungsaktes. Wobei die Übersetzung von Eva Rechel-Mertens die religiöse Färbung auch dieser Wendung unterschlägt. Es ist nämlich im französischen Texte von »sainte douceur« (»heiliger Süße«) und »onction« (also »Salbung«) die Rede.[17]

So wird, durch die Implementierung des religiösen Codes in das Nahrungsgeschehen, das Moment von der Nahrung als Organon eines Transsubstantiations-Ereignisses unmittelbar verknüpft mit der Notwendigkeit des Opfers des Lebendigen, das dem Eßakt vorausgeht. Man erinnere sich des Hummers und des Fischs, die lebend in siedendes Wasser geworfen werden.[18] Auch dieses Moment des Lebens-Opfers ist ja in der christlichen Religion – als das Argument der Anthropophagie, des Menschenopfers als Menschenverzehr im Kreuzestod[19] – auf verdeckte Weise präsent. Damit das Liebesmahl, das Christus mit seinen Jüngern abhält, seine Funktion als Stiftungsmahl des Christentums erfüllen kann, muß zuvor der Menschensohn geopfert werden und den Tod am Kreuz erleiden – damit sein Fleisch und Blut gegessen und getrunken werden kann; als ein »Realpräsenz« schaffendes Ereignis.

Damit soll nicht gesagt werden, daß Prousts Roman auf eine Reproduktion der christlichen Eucharistie hinausläuft – vielmehr bedient er sich des religiösen Codes, der das Transsubstantiationsmuster in unserer Kultur ja am reinsten verkörpert, um die Verwandlung von Materialität der Welt in die Spiritualität der Kunst zu erzielen, ohne dabei – ganz im Geiste des christlichen Verständnisses der Realpräsenz – diese substanzielle Materialität preiszugeben. Proust operiert dabei vorrangig mit dem Code des Essens und Trinkens, weil dieser den Zugriff auf die Materialität der Reproduktion am zutreffendsten erfüllt. Aber Proust arbeitet gleichzeitig mit dem Transsubstantiationspotential anderer Codes, wie des bildkünstlerischen, des erotischen und des musikalischen – man denke nur an seine Auseinandersetzung mit dem Genre des Stillebens; oder man denke an Sätze wie den folgenden über Musik und Verwandlung: »Car une phrase musicale [...] seule avec l'amour – propose un désir, un bonheur, une volupté qui lui est particulière.« (PL I, S. 1239). Aber keiner von diesen Transsubstantiation inszenierenden Codes ist so unmittelbar an den »Materialisierungsakt« als »Einverleibungsakt« geknüpft – an das »Gefühl« oder die »Sensualität«, im Gegensatz zur »Intelligenz« –, wie gerade der Code der kulturellen Vorgänge der Nahrungsaufnahme. Der Mythos vom Sündenfall, dem Essen vom Baum der Erkenntnis, ist das Beglaubigungsmodell schlechthin für den Ursprung der Welt aus dem Begehren, das aus dem Dunkel des Körpers kommt; dem doppelten Begehren, wie es sich in Nahrung und Sexualität versinnlicht.

IV

So erweist sich der Prozeß der Nahrungs-»Bearbeitung« durch die Kultur und der Prozeß der Nahrungsaufnahme – an den auch die sexuelle Reproduktion geknüpft ist – als mythisch legitimiert und strukturiert durch die Ursprungserzählung der christlichen Genesis: als eine Initialerzählung gewissermaßen, auf deren archaische, sensuelle Quellen die Suche des Romans gerichtet ist. Man könnte sagen, daß diese Suche sich bis zum sich nähernden Abschluß des Werks fortsetzt. Aber dann wendet sich dieses Modell in sein Gegenteil; es geht nun nicht mehr um Nahrung und ihre kulturproduzierende Funktion, sondern gerade umgekehrt um einen Prozeß des Aushungerns; und zwar im Hinblick auf das Verhältnis zwischen dem Werk, das der Autor – mit immer größerer Mühe – schreibt, und dem Text, den er förmlich mit seiner Lebenskraft nährt und in die Gesellschaft, die ihn lesen wird, als Speise entläßt. Es ist jetzt der Text selbst, der zur Nahrung wird. Diesen Wandel des poetischen Produktionsmodells hatte schon Prousts letzte Haushälterin, als eine Art Beobachterin »von außen«, genau bemerkt. Je weiter Proust in seiner Arbeit fortschreitet, so machen ihre minutiösen Aufzeichnungen deutlich, desto weniger ißt er.[20] Es ist der Moment, wo, im Lauf des Schreibens, das Todesopfer – angesichts der Schriftproduktion – mehr und mehr in den Blick rückt. Proust schreibt an seinen Verleger Gaston Gallimard kurz vor seinem Tod einen merkwürdigen Brief, in dem er auf diese veränderte Situation im Nahrungsgeschehen – den Prozeß, der sich zwischen dem Text und dem Autor abspielt – zu sprechen kommt. Es heißt da: »D'autres que moi, et je m'en réjouis, ont la jouissance de l'univers. Je n'ai plus ni le mouvement, ni la parole, ni la pensée, ni le simple bien-être de ne pas souffrir. Ainsi, expulsé pour ainsi dire de moi-même, je me réfugie dans les tomes que je palpe à défaut de les lire, et j'ai, à leur égard, les précautions de la guêpe fouisseuse, su laquelle Fabre a écrit les admirables pages citées par Mechnikoff et que vous connaissez certainement. Recroquevillé comme elle et privé de tout, je ne m'occupe plus que de leur fournir à travers le monde des esprits l'expansion qui m'est refusée.«[21] – »Andere als ich freuen sich des Universums, und ich bin es zufrieden. Ich kann mich nicht mehr bewegen, nicht sprechen, nicht denken, nicht einmal das einfache Wohlgefühl, ohne Schmerz zu sein, ist mir geblieben. So bin ich gewissermaßen aus mir selbst vertrieben und flüchte mich in die Bände [meines Werkes], die ich nur betaste, da ich sie nicht mehr lesen kann, und ich treffe im Hinblick auf sie Vorkehrungen wie die Grabwespe, über die Fabre jene wundervollen Seiten geschrieben hat, die von Metschnikoff zitiert werden und die

Sie gewiß kennen. Geschrumpft wie sie und aller Mittel beraubt habe ich nur noch ein Ziel, ihnen [den Bänden meines Werks] in der Welt der Geister jene Wirkung zu verschaffen, die mir verwehrt ist.«

Was es mit diesem Schlupf- oder Grabwespen-Gleichnis auf sich hat, wird an einer Stelle in der *Recherche* deutlich, wo Proust es auf Françoise anwendet; Françoise, deren kulinarische Schöpfungen Proust wiederholt mit denen des Künstlers, des Schriftstellers vergleicht. Es heißt da, Françoise verhalte sich so, »wie jener von Fabre beobachtete Hymenopheros, die Schlupfwespe, die, damit ihre Jungen nach ihrem Tode frisches Fleisch zur Verfügung haben, ihre Grausamkeit durch anatomisches Wissen unterbaut und gefangenen Rüsselkäfern und Spinnen mit staunenswerter Kenntnis und Geschicklichkeit das Nervenzentrum durchbohrt, von dem die Bewegung der Beine abhängt, jedoch die übrigen Körperfunktionen nicht beeinflußt werden, so daß das gelähmte Insekt, neben dem sie ihre Eier ablegt, für die ausschlüpfenden Larven eine gefügige, wehrlose, zu Flucht und Widerstand unfähige, aber jeglichen Hautgoûts entbehrende Beute abgibt [...].« (FA I, S. 182).

Es ist nicht mehr der Eßakt, so will Prousts Brief dem Verleger sagen, aus dessen Sinneserfahrung die Schrift des Werks entbunden wird, sondern es ist jetzt die Schrift, welche sich den Körper des Autors als Speise einverleibt. Der Körper des Autors, der sich langsam aufzehrt, dient nur noch als Kraftquelle, aus der die Realität und Wirkkraft der Schrift gespeist wird. In der *Wiedergefundenen Zeit* nennt Proust dieses Szenario »das grausame Gesetz der Kunst«: »Ich aber sage, das grausame Gesetz der Kunst ist, daß die Menschen sterben und daß wir selbst sterben, wobei wir alle Leiden bis auf den Grund ausschöpfen, damit das Gras nicht des Vergessens, sondern des ewigen Lebens sprießt, jenes dichte Gras fruchtbarer Werke, auf dem die Generationen heiter und ohne Sorge um die, die

darunter schlafen, abhalten werden ihr *déjeuner sur l'herbe.*«
(FA VII, S. 513).

So steht, wenn man die *Recherche* als einen solchen Reproduktions- und Transsubstantiationsprozeß lesen möchte, am Anfang die Suche – des unschuldigen Kindes – nach dem Ursprung des Begehrens, das in seinem Körper schlummert; es werden, im Laufe des Romans, verschiedene Wahrnehmungs- und Aufmerksamkeitsordnungen herangezogen, die sich um die kulturellen Reproduktionsgesetze des Essens und Trinkens und die diesen angelagerten des erotischen Begehrens gruppieren; am Ende steht dann aber nicht das gefundene Begehren, sondern der im Verzehr des Körpers des schreibenden Autors durch die Schrift sich einstellende Schmerz. Proust selbst hat dies, in einer Bemerkung über sein Schreiben, scharfsichtig konstatiert. In einem kleinen Artikel »Swann expliqué par Proust« heißt es: »J'avais cru tout à l'heure que c'était ce que je désirais. En voyant combien je m'étais trompé, je compris combien la souffrance va plus loin en psychologie que le meilleur psychologue, et que la connaissance des éléments composants de notre âme nous est donnée non par les plus fines perceptions de notre intelligence mais – dure, éclatante, étrange comme un sel soudain cristallisé – par la brusque réaction de la douleur.«[22]

Am Ende steht nicht das Begehren und die Lust. Es sind nicht die feinsten Wahrnehmungen und Beobachtungen, die zur Erkenntnis der seelischen Wahrheit führen; sondern hart, unvermittelt aufbrechend, seltsam wie ein plötzlich kristallisierendes Salz – ganz allein der Schock des Schmerzes.

---

1 Franz Kafka, *Schriften, Tagebücher, Briefe. Kritische Ausgabe*, hg. von Jürgen Born, Gerhard Neumann u. a., *Der Proceß, Apparatband*, hg. von Malcolm Pasley, Frankfurt am Main 1990, S. 169. Der oben wiedergegebene Text ist leicht normalisiert.

2 Niklas Luhmann, »Copierte Existenz und Karriere. Zur Herstellung von Individualität«, in: *Riskante Freiheiten. Individualisierung in modernen Gesellschaften*, hg. von Ulrich Beck und Elisabeth Beck-Gernsheim, Frankfurt am Main 1994, S. 191-200.

3 Kafka, *Schriften, Tagebücher, Briefe. Kritische Ausgabe; Drucke zu Lebzeiten*, hg. von Wolf Kittler, Hans-Gerd Koch und Gerhard Neumann, Frankfurt/M. 1994, S. 115.

4 »[R]êverie confuse du corps. poésie de l'organisme, qui lui aussi comme l'esprit n'est pas en rapport qu'avec le présent« (Marcel Proust, *Du côté de chez Swann*, Esquisses, Paris 1987, künftig zitiert als »PL I, Esquisses«, hier PL I, Esquisse IV, S. 656.)

5 Meine hier angestellten Überlegungen verdanken sehr viel den beiden Studien von Luzius Keller, »Der heilbringende Zwieback«, in: *Neue Zürcher Zeitung*, 18./19. Oktober 2003 und: Ders., »La biscotte salvatrice«, in: *Poétique* 139 (2004), S. 271-277.

6 »Car quand je m'éveillais mon corps étourdi cherchait à reconnaître sa position pour en induire où il était placé.« (PL I, Esquisse I.5, S. 637).

7 Die spätere Wende dieser Situation in das Drama um den Gutenachtkuß ist der »pivot« des Romans, die Achse der Verwandlung von Schrift in Sinnlichkeit.

8 Marcel Proust, *Contre Sainte-Beuve*, hg. von Bernard de Fallois, Paris 1954, S. 64.

9 »[...] alors seulement que la foule qui l'admirait avait des [*un blanc*] qui font dans le tableau du vieux maître de petites valves roses, vermillonnées ou noires.« (PL I, Esquisse III, S. 646).

10 Ein frühes, fast verstecktes Signal hierfür setzt die folgende Szene: »Après avoir surpris sur le fait les remous de l'obscurité et le craquement des boiseries, je me rendormais au plus vite, à peu près comme une pomme ou un pot de confitures qu'auraient été appelés un instant à la conscience et qui après avoir constaté qu'il faisait nuit noire dans l'armoire et entendu le bois travailler, n'auraient rien eu de plus pressé que de retourner à la délicieuse insensibilité de la planche où ils sont posés, des autres pots de confiture et de l'obscurité.« (PL I, Esquisse II.1, S. 640).

11 Vgl. das Apfelmotiv »zwischen den Brüsten einer Frau« in einer Skizze (PL I, S. 1239, Cahier 14); Jesusknabe mit Granatapfel; der

Apfel auf dem Regalbrett in einer Skizze in *Contre Sainte-Beuve* (PL I, Esquisse II.2, S. 640); das Spiel mit anderen kulturellen Gründerfiguren wie Kronos, Prometheus, Christus (PL I, Esquisse III, S. 645): sie werden dann durch die Mutter ersetzt; die Abendmahlsanspielungen auf die *Hochzeit zu Kana* (PL II, Esquisse XXXI, S. 1232-1233), und die Apostel in der Sainte Chapelle.

12 Und man darf hinzufügen »auf die Suche nach der gründenden Lebenskraft zu gehen«: »chercher, non seulement: créer!«

13 Hier ist der Spargel Bergottes zu erwähnen; der Doge Loredan, der dem Kutscher Rémi gleicht; die Lakaien im Foyer bei Madame de Saint-Euverte; die Hochzeit zu Kana in den *Guermantes*; die Stilleben Chardins, Rochen, Rembrandts (Marcel Proust, *Contre Sainte-Beuve*, hg. von Pierre Clarac, Paris 1971, S. 373-76), der Fleischergeselle wie Gottvater.

14 Roland Barthes, *Œuvres complètes*, édition établie et présentée par Éric Marty, Bd. I 1942-1965, Bd. II 1966-1973, Bd. III 1974-1980, Paris 1993-95. Darin die beiden Artikel »Pour une psycho-soziologie de l'alimentation contemporaine« (Bd. I, S. 924-933); »Lecture de Brillat-Savarin« (Bd. III, S. 280-294).

15 Proust, *Contre Sainte-Beuve*, 1971, S. 211 f.

16 Vgl hierzu Gerhard Neumann, »›Kunst des Nicht-Lesens‹. Hofmannsthals Ästhetik des Flüchtigen«, in: *Hofmannsthal – Jahrbuch zur europäischen Moderne*, Bd. 4/1996, hg. von Gerhard Neumann, Ursula Renner, Günter Schnitzler und Gotthart Wunberg, Freiburg 1997, S. 227-260.

17 Marcel Proust, *Auf der Suche nach der verlorenen Zeit*, Band 1 bis 10, Deutsch von Eva Rechel-Mertens, 1979, Bd. I, S. 163.

18 In *Guermantes* ist von »noch lebenden Hummern« die Rede, die »in das – wie der Gastwirt es nannte – ›ewige Feuer‹ geworfen wurden« (FA III, S. 133). Diesen Vergleich der Hummer-Tötung mit dem Kreuzestod Christi behandelt Samuel Beckett in seiner Geschichte »Dante and the Lobster«. Vgl. dazu Gerhard Neumann, »Inszenierung und Destruktion. Zum Problem der Intertextualität in Samuel Becketts Erzählung *Dante and the Lobster*«, in: *Poetica* 19 (1987), Heft 3-4, S. 278-301. Zur Geburt des Opfers aus der Jagd und der auf sie folgenden Mahlzeit vgl. Walter Burkert, *Wilder Ursprung. Opferritual und Mythos bei den Griechen*, Berlin 1990.

19 Es ist die »harte Rede«, von der die Apostel im Johannesevangelium sprechen. Joh 6,60: »das ist eine harte Rede, wer kann sie hören«.
20 Céleste Albaret, *Monsieur Proust*, München 1978. Vgl. dazu Jean-Bernard Naudin/Anne Borrell/Alain Senderens, *Zu Gast bei Marcel Proust. Der große Romancier als Gourmet*, München 1992, S. 124.
21 Marcel Proust, *Choix de lettres*, présentées et datées par Philip Kolb, Paris 1965, darin: »Brief an Gaston Gallimard«, S. 279-281, S. 280. Zu Prousts Anspielung vgl. J.-H. Fabre, *Das offenbare Geheimnis. Aus dem Lebenswerk des Insektenforschers*, hg. von K. Guggenheim und A. Portmann, Zürich/Stuttgart 1961, darin: »Ammophila – die Sandwespe«, S. 136-152; ferner Ders., *Bilder aus der Insektenwelt*, Stuttgart o. J. (1943), darin: »Grabwespen und ihre Beute«, S. 80-91.
22 Proust, *Contre Sainte-Beuve*, S. 561.

Bio-Bibliographien

Sophie Bertho, geb. 1952, Studium der Romanistik und Germanistik an der Universität in Freiburg i. Br., Dissertation über Henri Michaux (erschienen Hamburg 1985). Verfaßte zusammen mit Aron Kibédi Varga eine französische Literaturgeschichte (*Mots et Merveilles, une Histoire de la littérature française*, Amsterdam 1995). Unterrichtet seit 1988 neuere Literatur am Department für Französisch der Freien Universität Amsterdam. Spezialgebiet ist die Literatur des 20. Jahrhunderts, insbesondere der Gegenwartsroman. Zahlreiche Publikationen zu Marcel Proust, besonders über die Proustsche Ästhetik (*Proust contemporain*, Amsterdam/Atlanta 1994; *Proust et ses peintres*, Amsterdam/Atlanta 2000; »Le Roman pictural d'Albertine«, in: *Littérature* 123 (Sept. 2001), S. 101-118; »Gemälde und Geheimnisse bei Proust«, in: F. Balke/V. Roloff (Hg.), *Erotische Recherchen. Zur Decodierung von Intimität bei Marcel Proust*, München 2003, S. 115-132; »Proust und die Steine von Venedig«, in: Angelika Hoffmann-Maxis (Hg.), *Marcel Proust – Orte und Räume*, Frankfurt/Leipzig 2003, S. 179-200; »Le Temps et les arts«, in: A. Kablitz/W. Oesterreicher/R. Warning (Hg.), *Zeit und Text*, München 2003, S. 258-268; »Proust et Monet, la débâcle de l'ekphrasis«, in: U. Felten/V. Roloff (Hg.), *Proust und die Medien*, München 2005, S. 145-168).

Klaus Dürrschmid, geb. 1964, studierte ab 1984 in Wien zuerst Ethnologie und Germanistik, dann Lebensmittel- und Biotechnologie. Er promovierte am Department für Lebensmittelwissenschaften und -technologie der Universität für Bodenkultur Wien im Bereich der Produktentwicklung und ist dort seit 1992 als Universitätsassistent, seit 2005 als Assistenzprofessor in der Abteilung Lebensmittelqualitätssicherung in Forschung und Lehre tätig. Er lehrt die Fächer Lebensmittelsensorik, Ernährungspsychologie, Produktentwicklung und Qualitätsmanagement. Der Schwerpunkt seiner Forschungstätigkeit liegt im Einsatz sensorischer Methoden bei der Entwicklung und Prüfung von Lebensmittelprodukten. Die Lektüre von Marcel Prousts *Recherche* beeinflußte ihn nachhaltig, und auch seine Kinder essen bereits häufig und mit großem Vergnügen Madeleines, allerdings ohne Tee. Er publiziert beruflich in erster Linie in diversen nationalen und internationalen Fachjournalen über ausgewählte Themen der Lebensmittelsensorik sowie der Produktentwicklung. Daneben versucht er regelmäßig in Publikationsorganen mit interdisziplinärem Anspruch zu veröffentlichen, wie z. B. den »Mitteilungen des Arbeitskreises für die Kulturforschung des Essens«. Darüber hinaus fand sich bisher immer wieder Gelegenheit, in Zeitschriften wie der Literaturzeitschrift *Literatur und Kritik* Essays über zu Unrecht vergessene Literaten der österreichischen Geschichte wie z. B. Aloys Blumauer, Wolf Helmhart von Hohberg oder Amand Berghofer zu schreiben, die eine alternative Entwicklungslinie der österreichischen Literatur zeigen könnten.

Uta Felten, geb. 1967, Studium an den Universitäten Düsseldorf, Sevilla und Bordeaux, 2001 Habilitation an der Universität Siegen. Seit 2005 Professorin für Romanische Literaturwissenschaft an der Universität Leipzig mit Schwerpunkt im Bereich der französischen und italienischen Literatur und der Kultur- und Medienwissenschaft. Aktuelle Forschungsschwerpunkte: Das moderne Kino in Frankreich und Italien, Proust und die Medien, Systeme der *libertinage*, *écriture transgressive*. Veröffentlichungen u. a.: *Traum und Körper bei Federico García Lorca. Intermediale Inszenierungen*, Tübingen 1998; *Rohmer intermedial*, Tübingen 2000 (hg. mit V. Roloff); *Figu-*

res du désir. Untersuchungen zur amourösen Rede im Film Eric Rohmers, München 2004; *Spielformen der Intermedialität im spanischen und lateinamerikanischen Surrealismus*, Bielefeld 2004 (hg. mit Volker Roloff); *Proust und die Medien*, München 2005 (ebenfalls hg. mit Volker Roloff).

Kirsten von Hagen, geb. 1970, Studium der Komparatistik, Romanistik, Anglistik und Germanistik in Bonn, Oxford, Reims. Tätigkeit als Referentin für Öffentlichkeitsarbeit und als Redakteurin. Stipendiatin am Graduiertenkolleg »Intermedialität« der Universität Siegen. Ihre Dissertation zum Thema *Intermediale Liebschaften: Mehrfachadaptationen von Choderlos de Laclos' Les liaisons dangereuses* ist 2002 im Stauffenburg Verlag erschienen. Lehrte an den Universitäten Bonn, Salamanca und Siegen. Forschungsaufenthalt in Granada. Vertretung der Juniorprofessur »Geschichte und Theorie der Bildmedien« an der Bauhausuniversität Weimar, Fakultät Medien (2004/05). Ihre Habilitationsschrift, »Inszenierte Alterität: Zigeunerfiguren in Literatur, Theater, Oper und Film im 19. und 20. Jahrhundert«, entstanden im Rahmen eines Lise-Meitner-Habilitationsstipendiums, wurde im Frühjahr 2006 an der Universität Bonn eingereicht. Arbeitsschwerpunkte sind Poetik des Briefromans, Intermedialität, insbesondere Literatur/Film/Theater, Paratexte, Performativität, Alterität, Medienumbrüche und Fragen des Medienwechsels. Veröffentlichungen u. a. zu Cervantes, Laclos, Proust, Chaplin und Ophüls. Organisierte zusammen mit Claudia Hoffmann das kulinarische Symposion »Ein unerhörtes Glücksgefühl ... – Von der Kunst des Genießens bei Marcel Proust« 2005 im Literaturhaus Hamburg.

Stéphane Heuet, geb. 1957 als Sohn eines Marineoffiziers, Vater von zwei Kindern. Aus Atavismus verpflichtete er sich beim Militär, schipperte kreuz und quer über den Indischen Ozean (unter anderem auf der *Jules Verne*), die er nach sieben Jahren verließ, um Europa wieder zu entdecken. Dann ein Kurswechsel für Stéphane Heuet, der von nun an 15 Jahre lang als Artdirektor in der Werbung tätig sein sollte. Er realisierte einige Comic-Werbefilme ebenso wie Zeichnungen für Fernsehspots. Später las er Prousts *Recherche* und es machte buchstäblich Klick: »Als ich die *Auf der Suche nach der verlorenen Zeit* gelesen habe, fand ich sie sehr visuell.« Und so stand eine Flut von Bildern und Metaphern am Anfang eines großen Projekts: die Adaptation des gesamten Proustschen Romanwerks im Medium des Comic. Von den insgesamt 12 geplanten Bänden sind bisher bei Delcourt erschienen: *Combray* (1998), *À l'ombre des jeunes filles en fleurs* I (2000) und *À l'ombre des jeunes filles en fleurs* II (2002). Zur Zeit arbeitet Stéphane Heuet an der »nachgeholten« Erzählung *Un amour de Swann*, die 2006 erscheinen soll.

Claudia Hoffmann, geb. 1967, Studium der Komparatistik, Romanistik und Hispanistik in Bonn. Dissertationsprojekt bei Prof. Dr. Franz-Josef Albersmeier (Universität Bonn): »Prousts *Recherche* intermedial. Systematische Rekonstruktion und Deutung eines Medienkomplexes«. Referierte zuletzt beim 3. Franko-Romanisten-Kongress »Sur les frontières – Auf der Grenze« in Aachen sowie im Rahmen des Symposions »Proust und die Künste« in Köln, Mitorganisatorin der Proust-Filmnacht (Deutsche Marcel Proust Gesellschaft) und, zusammen mit Kirsten von Hagen, des kulinarischen Symposions »Ein unerhörtes Glücksgefühl ... – Von der Kunst des Genießens bei Marcel Proust« im Literaturhaus Hamburg. Beiträge u. a. zum Presseheft anläßlich der deutschen Kinopremiere von Raúl Ruiz' *Die wiedergefundene Zeit* sowie zum Band Uta Felten/Volker Roloff (Hg.), *Proust und die Medien*, München 2005 (»Von der Idee zur Realisierung eines ungewöhnlichen Filmprojekts: Percy Adlons Spielfilmdebüt Céleste«).

Achim Hölter, geb. 1960. Promovierte 1988 mit einer Arbeit über *Ludwig Tieck – Literaturgeschichte als Poesie*, Heidelberg 1989. Habilitation 1993 (*Die Invaliden*, Stuttgart/Weimar 1995); Assistentenzeit in Wuppertal und Habilitandenstipendium der Deutschen Forschungsgemeinschaft, Privatdozent für Komparatistik und Deutsche Literaturgeschichte. 1995-1997 Heisenberg-Stipendiat der DFG in Bonn; Lehrtätigkeit an den Universitäten Wuppertal, Bochum, Düsseldorf und Bonn; seit 1997 Professor für Komparatistik an der Universität Münster. Besondere Forschungsgebiete: Romantikforschung, Rezeptions-, Themen- und Diskursgeschichte, selbstbezügliche Kunstformen, Literaturgeschichtsschreibung, Bibliotheken in der Literatur. Zahlreiche Aufsätze zur deutschen und internationalen Literaturgeschichte; weitere Buchveröffentlichungen: (Hg.), *Ludwig Tieck: Schriften 1789-1794* (Frankfurt am Main 1991); *Die Bücherschlacht* (Bielefeld 1995); (Hg.), *Marcel Proust. Leseerfahrungen deutschsprachiger Schriftsteller von Theodor W. Adorno bis Stefan Zweig* (Frankfurt am Main 1998).

Gerhard Neumann, geb. 1934; ab 1955 Studium in Freiburg i.Br., Wien und Paris, Habilitation in Freiburg 1972; Professuren an den Universitäten Bonn, Erlangen, Freiburg i. Br.; Ordinarius für neuere deutsche Literaturwissenschaft an der Universität München; emeritiert seit 2003; seit 2005 Honorarprofessor an der Freien Universität Berlin. Hauptarbeitsgebiete: Literatur des 18. bis 20. Jahrhunderts, vergleichende Literaturwissenschaft, Gattungspoetik, Editionswissenschaft, Kulturwissenschaft; Publikationen zu Goethe, Kleist, Kafka, Canetti; zur deutschen Romantik; zur Methode der Literaturwissenschaft; zu Theorie und Geschichte des Aphorismus, des Epigramms, der Novelle, des Romans, der Lyrik unter komparatistischer Perspektive; Mitherausgeber der Kritischen Kafka-Ausgabe und des Hofmannsthal Jahrbuchs; Mitglied der Bayerischen Akademie der Wissenschaften. Veröffentlichungen: *Konfiguration. Studien zu Goethes ›Torquato Tasso‹* (1965); *Ideenparadiese. Untersuchungen zur Aphoristik von Lichtenberg, Novalis, Friedrich Schlegel und Goethe* (1976); (Hg.) *Franz Kafka. Schriftverkehr* (1990); (Hg.) *Heinrich von Kleist. Kriegsfall – Rechtsfall – Sündenfall* (1994); (Mithg.) *Franz Kafka: Drucke zu Lebzeiten* (1994). (Hg.) *Poststrukturalismus. Herausforderung an die Literaturwissenschaft. DFG-Symposion* (1995); (Mithg.) *Szenographien. Theatralität als Kategorie der Literaturwissenschaft* (2000), (Mithg.) *Transgressionen. Literatur als Ethnographie* (2003).

Volker Roloff, Professor für Romanische Literaturwissenschaft an der Universität Siegen, mit Schwerpunkt im Bereich der französischen und spanischen Literatur und der romanischen Kultur- und Medienwissenschaft. Aktuelle Arbeitsbereiche und Forschungsinteressen: Theorie und ästhetische Praxis der Intermedialität; europäische Avantgarden (Schwerpunkt Frankreich und Spanien); Proust; französische Literatur-, Theater- und Filmgeschichte. Neueste Veröffentlichungen: *Theater und Film in der Zeit der Nouvelle Vague*, Tübingen 2000 (Hg. mit Scarlett Winter); *Rohmer intermedial*, Tübingen 2001 (Hg. mit Uta Felten); *Bildschirm-Medien-Theorien*, München 2002 (Hg. mit P. Gendolla, P. Ludes); *Erotische Recherchen. Zur Decodierung von Intimität bei Marcel Proust*. München 2003 (Hg. mit Friedrich Balke); *Die Ästhetik des Voyeur*, Heidelberg 2003 (Hg. mit W. Hülk, Y. Hoffmann); *Jean Renoirs Theater/Filme*, München 2003 (Hg. mit Michael Lommel); *Französische Theaterfilme zwischen Surrealismus und Existentialismus*, Bielefeld 2004, (Hg. mit M. Lommel, N. Rißler-Pipka, I. Maurer Queipo); *Proust und die Medien*, München 2005 (Hg. mit Uta Felten); *Die grausamen Spiele des Minotaure – intermediale Analyse einer surrealistischen Zeitschrift*, Bielefeld 2005 (Hg. mit Nanette Rißler-Pipka, Isabel Maurer Queipo).

Andreas Platthaus, geb. 1966. Nach einer Banklehre in Köln, dem Studium der Betriebswirtschaftslehre in seiner Heimatstadt und der Lektüre ungezählter Donald-Duck-Geschichten verlor er die Lust, in der freien Wirtschaft zu reüssieren, und studierte in Tübingen Rhetorik, Philosophie und Geschichte, um zumindest an Wissen reich zu werden. Zum Feuilleton der Frankfurter Allgemeinen Zeitung stieß er 1997. Seit Januar 2002 ist er einer der Stellvertreter des Ressortleiters. Neben dieser Tätigkeit engagiert er sich bei den Donaldisten, die ihn 1995 zur »Ehrenpräsidente« wählten. 1998 erschien der Band *Im Comic vereint*, 2001 seine Walt-Disney-Biographie *Von Mann und Maus*, 2003 in der »Anderen Bibliothek« ein Band über Moebius.

Michel Sandras, Maître de Conférences an der Universität Paris 7 Denis-Diderot. Er ist Autor von *Lire le poème en prose* (1995) sowie einiger Artikel »Poème en prose« und »Prose poétique« im *Dictionnaire de poésie de Baudelaire*. Er hat ebenfalls zahlreiche Artikel über Mallarmé veröffentlicht, über Gustave Lanson, Henri Michaux, Jacques Réda. Zu Proust liegen von ihm vor: »Proust et la prose« (in: *Cahiers Textuel*, Nr. 23: *Marcel Proust. Lectures de* Sodome et Gomorrhe) sowie ein vielbeachteter Artikel zu den Getränken in der *Recherche*: Michel Sandras, »La comédie de la soif«, in: Raymonde Coudret/Guillaume Perrier (Hg.), *Marcel Proust. Surprises de la Recherche*, Paris 2004, S. 183-197.